Quick Guide

Quick Guides liefern schnell erschließbares, kompaktes und umsetzungsorientiertes Wissen. Leser erhalten mit den Quick Guides verlässliche Fachinformationen, um mitreden, fundiert entscheiden und direkt handeln zu können.

Weitere Bände in der Reihe https://link.springer.com/bookseries/15709

Ulrich Föhl · Christine Friedrich

Quick Guide Onlinefragebogen

Wie Sie Ihre Zielgruppe professionell im Web befragen

Ulrich Föhl
Wirtschaft und Recht
Hochschule Pforzheim
Pforzheim, Deutschland

Christine Friedrich
Stuttgart, Deutschland

ISSN 2662-9240   ISSN 2662-9259   (electronic)
Quick Guide
ISBN 978-3-658-36290-4   ISBN 978-3-658-36291-1   (eBook)
https://doi.org/10.1007/978-3-658-36291-1

Die Deutsche Nationalbibliothek verzeichnet diese Publikation in der Deutschen Nationalbibliografie; detaillierte bibliografische Daten sind im Internet über http://dnb.d-nb.de abrufbar.

© Springer Fachmedien Wiesbaden GmbH, ein Teil von Springer Nature 2022
Das Werk einschließlich aller seiner Teile ist urheberrechtlich geschützt. Jede Verwertung, die nicht ausdrücklich vom Urheberrechtsgesetz zugelassen ist, bedarf der vorherigen Zustimmung des Verlags. Das gilt insbesondere für Vervielfältigungen, Bearbeitungen, Übersetzungen, Mikroverfilmungen und die Einspeicherung und Verarbeitung in elektronischen Systemen.
Die Wiedergabe von allgemein beschreibenden Bezeichnungen, Marken, Unternehmensnamen etc. in diesem Werk bedeutet nicht, dass diese frei durch jedermann benutzt werden dürfen. Die Berechtigung zur Benutzung unterliegt, auch ohne gesonderten Hinweis hierzu, den Regeln des Markenrechts. Die Rechte des jeweiligen Zeicheninhabers sind zu beachten.
Der Verlag, die Autoren und die Herausgeber gehen davon aus, dass die Angaben und Informationen in diesem Werk zum Zeitpunkt der Veröffentlichung vollständig und korrekt sind. Weder der Verlag noch die Autoren oder die Herausgeber übernehmen, ausdrücklich oder implizit, Gewähr für den Inhalt des Werkes, etwaige Fehler oder Äußerungen. Der Verlag bleibt im Hinblick auf geografische Zuordnungen und Gebietsbezeichnungen in veröffentlichten Karten und Institutionsadressen neutral.

Planung/Lektorat: Imke Sander
Springer Gabler ist ein Imprint der eingetragenen Gesellschaft Springer Fachmedien Wiesbaden GmbH und ist ein Teil von Springer Nature.
Die Anschrift der Gesellschaft ist: Abraham-Lincoln-Str. 46, 65189 Wiesbaden, Germany

Vorwort

Onlinefragebögen erfreuen sich seit vielen Jahren zunehmender Beliebtheit und das aus einleuchtenden Gründen: Durch die Vielzahl an verfügbaren und leicht zu bedienenden Befragungstools lassen sie sich im Handumdrehen kostengünstig erstellen und auf Websites oder Social Media noch schneller verbreiten. Es können hohe Rückläufe erzielt werden und die Befragungsergebnisse liegen vergleichsweise rasch und gleich bereit für die Auswertung in digitaler Form vor.

Doch die vielen Vorzüge bei der Realisierung eines Befragungsprojekts dürfen nicht darüber hinwegtäuschen, dass es einige Herausforderungen zu meistern gilt: Ein Onlinefragebogen bedarf der Beachtung bestimmter Regeln bei Konzeption und Durchführung, wenn zuverlässige Ergebnisse erzielt werden sollen, auf deren Basis man gewichtige Entscheidungen treffen möchte.

Dies erfordert gute Kenntnisse in allen Phasen einer empirischen Studie. So steht zu Beginn meist eine recht vage umrissene Zielsetzung, die zunächst in greifbare Fragestellungen überführt werden muss. Dann erst kann die eigentliche Arbeit am Fragebogen beginnen. Aus einer Vielzahl an möglichen Fragentypen müssen mit Blick auf die jeweilige Zielsetzung die ‚richtigen' ausgewählt werden. Die Fragen müssen so formuliert und angeordnet werden, dass sie nicht nur den Forschenden einen Mehrwert bringen, sondern auch von den Befragten einfach und im besten Fall gerne und mit Interesse beantwortet werden können. Und schließlich muss all dies so in einem Tool umgesetzt werden, dass es auch auf den unterschiedlichsten Endgeräten lauffähig ist und aus einem Guss erscheint, womit man sich auch als Absender einer Befragung gut präsentiert.

Dieses Buch zeigt Ihnen Schritt für Schritt, wie Sie einen professionellen Onlinefragebogen erstellen und an den Start bringen. Da dies in der Praxis meist in einem engen Zeitrahmen passieren muss, stellt es kompakt zusammen, was sonst oft erst durch lange Erfahrung bei der Fragebogenentwicklung ‚on the Job' erworben wird.

Regeln für einen ‚guten' Fragebogen klingen zunächst deutlich einfacher als deren spätere Umsetzung. Deshalb wird in den folgenden Kapiteln besonders großer Wert auf die Illustration mit zahlreichen konkreten Beispielen aus der langjährigen Erfahrung der Autoren mit Onlinebefragungen gelegt.

Pforzheim
Stuttgart
im Oktober 2021

Prof. Dr. Ulrich Föhl
Christine Friedrich

Inhaltsverzeichnis

1	**Der Onlinefragebogen als empirische Erhebungsmethode**	1
	1.1 Das Spektrum empirischer Methoden	2
	1.2 Besonderheiten des Onlinefragebogens	6
	Literatur	10
2	**Grundlagen des empirischen Arbeitens**	13
	2.1 Der Fragebogen als Teil des Forschungsprozesses	14
	2.2 Von der Programm- zur Testfrage	19
	2.3 Gütekriterien	21
	Literatur	28
3	**Formate von Fragen**	31
	3.1 Geschlossene, halboffene und offene Fragen	32
	3.2 Skalenniveaus	35
	3.3 Rangordnungs- und Rankingfragen	39

	3.4	Ratingfragen		41
		3.4.1	Skalenbenennung	42
		3.4.2	Skalenbreite	44
		3.4.3	Spezielle Ratingskalen aus der Einstellungsforschung	46
	3.5	Fazit		50
	Literatur			53
4	**Die Formulierung von Fragen**			**57**
	4.1	Psychologische Grundlagen von Fragebögen		58
		4.1.1	Fragenbeantwortung als Informationsverarbeitungsprozess	59
		4.1.2	Arten von Antwortverzerrungen	60
	4.2	Empfehlungen für die Fragenformulierung		65
		4.2.1	Zielgruppengerecht formulieren	65
		4.2.2	Eindeutig formulieren	69
		4.2.3	Einfach formulieren	72
		4.2.4	Wertfrei formulieren	75
		4.2.5	Antwortkategorien formulieren	77
	4.3	Fazit		79
	Literatur			81
5	**Fragebogendramaturgie**			**83**
	5.1	Aufbau eines Fragebogens		84
	5.2	Startseite		85
	5.3	Beginn		91
	5.4	Hauptteil		95
	5.5	Ausklang		97
	Literatur			100
6	**Den Fragebogen ins Feld bringen**			**101**
	6.1	Auswahl des Befragungstools		102
	6.2	Die Programmierung des Onlinefragebogens		106
		6.2.1	Anforderungen verschiedener Endgeräte	107
		6.2.2	Zur Länge des Onlinefragebogens	108

	6.2.3	Automatisierungen im Onlinefragebogen	108
	6.2.4	Die richtige Verteilung von Fragen	112
	6.2.5	Weitere Gestaltungsaspekte im Onlinefragebogen	114
6.3		Der Pretest	119
6.4		Die Veröffentlichung des Onlinefragebogens	123
6.5		Der Fragebogen im Feld	128
Literatur			133

1 Der Onlinefragebogen als empirische Erhebungsmethode

> **Was Sie aus diesem Kapitel mitnehmen**
>
> - Welche empirischen Erhebungsmethoden unterschieden werden und wofür sie bevorzugt eingesetzt werden.
> - Was man unter einem Onlinefragebogen versteht.
> - Welche Besonderheiten der Onlinefragebogen gegenüber anderen Formen von Befragungen aufweist.

Dieses Kapitel ordnet die Onlinebefragung in den Kontext anderer empirischer Methoden der Datenerhebung ein. Empirische Methoden sind Werkzeuge, die sich für bestimmte Anwendungsfälle besser oder schlechter eignen. Ihre Besonderheiten zu kennen ist eine wichtige Voraussetzung dafür, bei einer konkreten Fragestellung eine passende Methode auszuwählen – und somit entscheiden zu können, ob für die Zielsetzung, die man mit einer empirischen Studie verfolgt, eine Onlinebefragung ein passendes Instrument ist.

1.1 Das Spektrum empirischer Methoden

Empirische Forschung erhebt Daten, aus denen durch eine systematische Auswertung Erkenntnisse abgeleitet werden. Empirisches Vorgehen findet nicht nur in der Wissenschaft, sondern auch in der Praxis, zum Beispiel in Marketing und Marktforschung, statt. Dort stellen sich vielfältige Fragen rund um Produkte, Marken oder Kommunikation, die empirisch (z. B. durch Befragungen einer Zielgruppe) bearbeitet werden, um daraus Erkenntnisse für unternehmerische Entscheidungen zu gewinnen.

Im Zentrum des empirischen Vorgehens steht die Anwendung bestimmter Methoden, welche die Sammlung solcher Daten durch Regeln systematisieren. Es gibt eine Fülle an empirischen Methoden, die in Sozial-, Verhaltenswissenschaften oder Marketing eingesetzt werden (ausführliche Klassifikationen finden sich z. B. bei Brosius et al., 2016, S. 6 ff.; Fantapié Altobelli, 2017, S. 121 ff.; Schnell, 2019, S. 177 ff.). Diese Methoden lassen sich nach mehreren Dimensionen klassifizieren: nach der Art der Messung, der Datenerhebung und dem Untersuchungsdesign (s. Abb. 1.1).

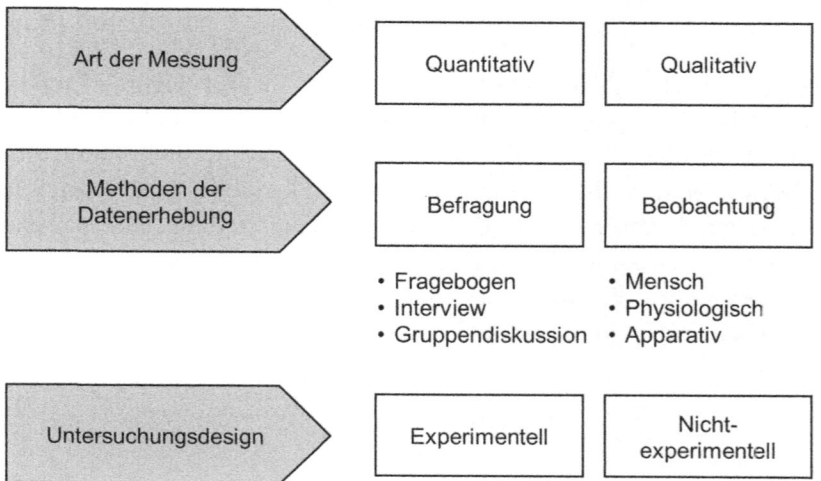

Abb. 1.1 Klassifikation empirischer Methoden. Eigene Darstellung, orientiert an Brosius et al. (2016, S. 6), Fantapié Altobelli (2017, S. 121 ff.), Schnell (2019, S. 177 ff.)

Art der Messung

Die Art der Messung beschreibt die Art der entstehenden Daten. Bei quantitativen Messungen liegen Daten in Zahlenform vor und können im Anschluss statistisch ausgewertet werden. Quantitative Daten entstehen auch bei Fragebögen, wenn etwa aus mehreren Antwortmöglichkeiten durch eine Form des ‚Ankreuzens' eine ausgewählt werden soll. Hierbei werden jeder Antwortoption Zahlenwerte zugeordnet. Bei qualitativen Messungen liegen Daten im Gegensatz dazu nicht in numerischer Form vor. Solche qualitativen Daten entstehen zum Beispiel bei einer Interviewfrage, wenn frei in eigenen Worten erläutert werden soll, wie über eine bestimmte Marke gedacht wird.

> Mit **quantitativen Studien** können Ergebnisse in Zahlenwerten beschrieben werden, die eine transparente Grundlage für unternehmerische Entscheidungen schaffen.
> **Qualitative Erhebungen** liefern Daten in nicht-numerischer Form (z. B. Text). Sie stellen hohe Ansprüche an die Auswertung, können aber tiefer gehende Erkenntnisse zu bestimmten Themen liefern.

Art der Datenerhebung

Die Art der Datenerhebung bezeichnet die Art und Weise, wie Daten gewonnen werden. Eine klassische und trotz vielfältiger neuer Datenquellen im Zuge der Digitalisierung immer noch besonders häufig genutzte Art der Datenerhebung ist die **Befragung.** Der Begriff der Befragung ist nicht mit dem des Fragebogens identisch:

> **Definition Befragung vs. Fragebogen**
> Bei einer **Befragung** geben Testpersonen selbst Auskunft über einen bestimmten Untersuchungsgegenstand (Fantapié Altobelli, 2017, S. 55). Verschiedene Formen der Befragung unterscheiden sich im Format von Fragen und Antworten.
> Bei einem **Fragebogen** erhalten die Testpersonen sprachlich klar strukturierte Vorlagen zur Beantwortung; die Beantwortung erfolgt also anhand von festgelegten Antwortmöglichkeiten (Mummendey & Grau, 2014, S. 13). Bei einem Fragebogen handelt es sich folglich um eine überwiegend quantitative Form der Befragung.

Es existieren quantitative und qualitative Formen von Befragungen. Während es sich bei einem Fragebogen, der üblicherweise fest ankreuzbare Antwortkategorien enthält, um eine quantitative Form der Befragung handelt, sind Interview oder Gruppendiskussionen, bei denen Testpersonen und Interviewer oder Moderatoren frei interagieren, den qualitativen Befragungsformen zuzurechnen. In der Forschungspraxis begegnet man oft Mischformen. So enthält fast jeder Fragebogen zumindest einzelne offene Fragen, bei denen qualitative Antworten in Textfelder eingetragen werden (*„Welche Verbesserungsvorschläge haben Sie noch für unser Produkt?"*).

Umgekehrt werden bei überwiegend qualitativ ausgerichteten Interviews auch quantifizierbare Fragen (z. B. nach Alter oder Geschlecht) gestellt. Im Rahmen eines wissenschaftlichen Ergebnisberichts oder einer Ergebnispräsentation sollte dieses Nebeneinander von qualitativen und quantitativen Elementen transparent gemacht machen. So empfiehlt es sich, etwa bei einem Fragebogen darauf hinzuweisen, dass neben quantitativen Fragen einzelne offene Fragen eingebunden wurden, die eine qualitative Datenanalyse nach sich ziehen.

Quantitative Formen der Befragung haben den Vorteil, dass mit ihnen auf effiziente Weise Feedback einer großen Anzahl von Testpersonen eingeholt und analysiert werden kann. Sie eignen sich daher besonders für Themen, die auf eine breite statistische Basis gestellt werden sollen. Durch das feste Antwortformat der Fragen kann jedoch nicht so in die Tiefe gegangen werden wie bei qualitativen Ansätzen. Auch können solche festen Antwortkategorien nur für Themen entwickelt werden, zu denen schon ein hinreichender Kenntnisstand besteht. Qualitative Befragungen eignen sich im Gegensatz dazu besonders für Themen, zu denen noch wenige Erkenntnisse vorliegen und die in besonderer Tiefe bei einer eher kleinen Zahl an Befragten untersucht werden sollen. Die Zufriedenheit mit einem bereits lange auf dem Markt erhältlichen Produkt lässt sich sehr gut mit einem quantitativen Befragungsansatz mit hoher Anzahl an Befragten (z. B. 1.000 Personen im Rahmen einer Onlinestudie) untersuchen. Wenn es um ganz spezifische Verbesserungsvorschläge für ein neues interaktives Produkt, etwa ein Navigationssystem in einem Fahrzeug, geht,

1 Der Onlinefragebogen als empirische Erhebungsmethode

eignet sich hingegen eine qualitative Interviewstudie mit rund 15 bis 20 Befragten.

Befragungen können in unterschiedlichen Modi durchgeführt werden. Neben einem ‚Face-to-Face'-Setting in einem Labor- oder Interviewraum, einer postalischen oder telefonischen Erhebung hat die Durchführung in einem Onlinesetting in den letzten Jahren immer mehr an Bedeutung gewonnen (Schnell, 2019, S. 177 ff.).

> **Befragungen** eignen sich für Themen, bei denen davon ausgegangen werden kann, dass Testpersonen zuverlässig Auskunft geben können und wollen.
> Während bei **qualitativen Befragungen** gerade bei neuartigen Themen in die Tiefe gegangen werden kann, liegen die Stärken **quantitativer Befragungen** im Erreichen größerer Stichproben und einer effizienten Datenanalyse.

Neben den verschiedenen Formen der Befragung können Daten auch durch **Beobachtung** erhoben werden. Dabei werden Daten erfasst, indem Verhalten aufgezeichnet wird, was in Form von menschlicher Beobachtung (z. B. Beobachtung und Notieren von Auffälligkeiten bei der Interaktion mit einer Webseite) oder auch vermittelt durch Apparate erfolgen kann (z. B. durch ein Blickerfassungsgerät).

Beobachtungsverfahren sind im Allgemeinen aufwendiger als Befragungen und haben ihre Stärke bei Fragestellungen, bei denen Testpersonen Schwierigkeiten haben, Auskunft zu geben. So lässt sich nicht beliebig gut verbalisieren, welche innere Aktivierung an verschiedenen Stellen eines kurzen Werbespots bestand, oder wie lange welche Bereiche einer Werbeanzeige bei insgesamt nur wenigen Sekunden Expositionszeit betrachtet wurden. Bei solchen Themen ist ein Beobachtungsansatz überlegen.

> **Beobachtung** findet durch technologische Fortschritte zunehmend digital und mit Unterstützung bestimmter Soft- und Hardware statt, ist jedoch meist aufwendig. Sie ist Methode der Wahl, wenn es um Phänomene geht, bei denen Menschen keine verlässlichen verbalen Auskünfte geben können.

Untersuchungsdesign
Ein **Experiment** ist eine Untersuchungsanordnung, bei dem es um die Prüfung kausaler Zusammenhänge geht. Experimente sind besonders in der Psychologie verbreitet, kommen jedoch auch verstärkt im Onlinemarketing zum Einsatz, wo oft von sogenannten A/B-Tests gesprochen wird (Masuch et al., 2020, S. 422). Charakteristisch für ein Experiment ist die systematische Variation eines bestimmten Merkmals, um den Effekt dieser Variation messen zu können (Huber, 2013, S. 67). Wenn untersucht werden soll, welche von zwei Onlinewerbungen (z. B. zwei Werbebanner) eher angeklickt wird, können diese beiden Werbeformen A und B per Zufall an jeweils einen Teil der Personen ausgespielt werden. Im Anschluss kann analysiert werden, inwieweit die Werbeform einen Einfluss auf die Anzahl der Klicks hat. Wichtig dabei ist, andere potenzielle Störgrößen möglichst auszuschalten – so sollten die Werbeformen nur bezüglich der Gestaltung (z. B. hinsichtlich des Formats) variieren, inhaltlich aber sonst identisch sein (z. B. gleiches Produkt, gleicher Text). Solche experimentellen Untersuchungsdesigns kommen immer wieder auch bei Onlinebefragungen zum Einsatz. Um sie korrekt einzusetzen, ist es wichtig, sich vorab mit gängigen Regeln des experimentellen Arbeitens vertraut zu machen (s. z. B. Huber, 2013).

Viele klassische Befragungsthemen sind jedoch **nicht-experimentell** ausgerichtet. Bei ihnen steht die möglichst umfassende Beschreibung eines Sachverhalts im Vordergrund, ohne dass kausale Beziehungen geprüft werden (Hussy et al., 2013, S. 154). Eine Kundenzufriedenheitsumfrage ist ein typisches Beispiel für einen solchen Ansatz.

> Viele Befragungen sind nicht-experimentell. **Experimentelle** Ansätze bieten sich aber immer dann an, wenn Ursachen identifiziert werden sollen. Im Onlinemarketing kommen sie oft als sogenannte A/B-Tests zum Einsatz. Auch in Fragebögen lassen sich experimentelle Ansätze integrieren.

1.2 Besonderheiten des Onlinefragebogens

Mit dem Begriff der Onlinebefragung werden verschiedene Varianten von Befragungen bezeichnet, die auf die eine oder andere Art online stattfinden. So differenziert Welker (2019, S. 550) folgende drei Formen von Onlinebefragungen:

1 Der Onlinefragebogen als empirische Erhebungsmethode

- Rein textbasierte Befragungen, bei denen der Fragebogen oder einzelne Fragen beispielsweise per E-Mail oder SMS versandt und auf diesem Weg beantwortet werden.
- Webbefragungen im Inter- oder Intranet, bei denen der Fragebogen auf einem Server abgelegt wird. Der Zugriff der Befragten erfolgt über einen Browser. Die erhobenen Daten werden anschließend auf dem Server gespeichert.
- Befragungen, die innerhalb von speziellen Diensten oder Apps durchgeführt werden.

Bei der Webbefragung handelt es sich nicht nur um die häufigste Form der Onlinebefragung, sondern auch um die meistgenutzte Methode im Vergleich mit allen anderen Befragungsformen. So lag ihr Anteil im Jahr 2020 bei 49 % (ADM, 2020, S. 19). Im Folgenden sind daher bei Verwendung der Begriffe Onlinebefragung oder Onlinefragebogen in erster Linie Webbefragungen gemeint.

Da der Begriff des Onlinefragebogens vor der massiven Verbreitung mobiler Geräte entstanden ist, bezog er sich zunächst auf ein Setting, in dem Webzugriff ausschließlich über stationäre Rechner oder Laptops erfolgte. Grundsätzlich kann eine mobile Befragung, die auf mobilen Endgeräten wie Smartphones bearbeitet wird, als ‚Spielart' (Theobald, 2017, S. 305) einer Onlinebefragung betrachtet werden.

Von mobilen Befragungen wird meist dann gesprochen, wenn sie für Merkmale der mobilen Nutzung mit Hilfe von Smartphones oder Tablets optimiert sind und sich in einigen Punkten deutlich von denen anderer Formen der Onlinebefragung unterscheiden (z. B. mit aktiver Einbindung bestimmter Smartphonesensoren). Solche spezifischen mobil optimierten Formen einer Befragung werden im Folgenden nicht näher betrachtet. Bei der Mehrzahl der Onlinebefragungen handelt es sich um sogenannte Mixed-Device-Surveys, die über unterschiedliche Endgeräte beantwortet werden können. Bei der Studienkonzeption sollte berücksichtigt werden, dass immer mehr Menschen mobil an Onlinebefragungen teilnehmen. So zeigen Daten des GESIS-Panels mit rund 5.000 Mitgliedern einen Anteil von 27 % Smartphone-Teilnahmen bei Onlinestudien, bei einer jüngeren Zielgruppe im Alter zwischen 18 und 25 Jahren betrug der Anteil bereits 43 % (Silber et al., 2018, S. 319).

Für die weiteren Kapitel wird der Begriff des Onlinefragebogens somit folgendermaßen definiert; wenn von ‚Onlinebefragung' gesprochen wird, ist ebenfalls stets diese quantitative Form der Befragung gemeint:

> **Definition**
> Ein Onlinefragebogen ist eine besondere Form der Befragung, die in Inter- oder Intranet, meist innerhalb eines Webbrowsers, bearbeitet wird und überwiegend quantitative Fragenformate enthält, bei denen festgelegte Antwortmöglichkeiten angeboten werden.
> Die Beantwortung kann über unterschiedliche, auch mobile Endgeräte erfolgen.

Onlinefragebögen weisen gegenüber ‚Paper–Pencil'-Fragebögen eine Reihe von Besonderheiten auf. Eine Übersicht über häufig genannte Vor- und Nachteile findet sich zum Beispiel bei Theobald (2017, S. 25). Von zentraler Bedeutung sind folgende Aspekte, die bereits ganz zu Beginn einer geplanten Studie berücksichtigt werden sollten:

Onlinetools bieten vielfältige und leicht umsetzbare Möglichkeiten zur Fragebogenentwicklung – eine hohe Qualität des Fragebogens ergibt sich jedoch nur unter Beachtung wichtiger Grundregeln des empirischen Arbeitens

Neben Multimedia-Elementen wie Bildern und Videos können beispielsweise automatisierte Filter eingebunden werden (s. Abschn. 6.2), mit denen bestimmte Fragen nur in Abhängigkeit einer vorherigen Antwort gezeigt werden (z. B. Fragen für Berufstätige, die sich nur an Personen richten, die zuvor eine Tätigkeit angegeben haben). Auch können bestimmte Eingaben (z. B. zum Alter) schon während der Befragung auf Plausibilität geprüft werden. Und schließlich stellen Onlinetools vielfältige Fragentypen (s. Kap. 3) zur Verfügung, die über die Möglichkeiten klassischer Fragebögen hinausgehen.

1 Der Onlinefragebogen als empirische Erhebungsmethode

Einfach bedienbare Onlinetools befähigen auch Personengruppen mit noch geringen Kenntnissen in empirischer Forschung ‚Do-it-yourself-Marktforschung' zu betreiben. Die Umsetzung einer qualitativ hochwertigen Fragebogenstudie bedarf jedoch guter Kenntnisse rund um die Konzeption empirischer Studien. Onlinetools stellen lediglich Werkzeuge bereit, mit denen sich ein sorgfältig konzipierter Fragebogen darstellen lässt. Der Großteil der Arbeit an der Entwicklung eines Fragebogens liegt vor der Umsetzung im Befragungstool.

Onlinefragebögen erreichen schnell und einfach eine große Personenzahl – es muss aber sichergestellt werden, dass sich darin die Zielgruppe widerspiegelt

Tatsächlich lässt sich der Link zu einer Onlinebefragung leicht auf verschiedene Arten wie E-Mail oder Social Media verbreiten, wodurch schnell Stichproben zumindest im dreistelligen Bereich entstehen.

Hier liegt jedoch auch die größte Gefahr der Methode. So muss kritisch reflektiert werden, inwieweit die online erreichte Stichprobe zur anvisierten Zielgruppe passt. Trotz zunehmender Verbreitung der Internetnutzung in der Bevölkerung werden nach wie vor online schwerpunktmäßig jüngere, hochmotivierte Zielgruppen höherer Bildung erreicht (Schnell et al., 2018, S. 350). Die weit verbreitete Distribution einer Onlinebefragung über den Versand eines Befragungslinks liefert oft keine Stichprobe, die der Zielgruppe entspricht. Zwar sind anspruchsvolle Zufallsstichproben (siehe vertiefend zu Stichproben z. B. bei Brosius et al., 2016, S. 59 ff.) nicht bei jedem Thema notwendig; allerdings sollten die Anforderungen an die Stichprobe vor Durchführung einer Befragung kritisch reflektiert werden. Wenn die Zielgruppe bei der Akquise nicht in angemessener Weise online erreicht werden kann, ergeben sich stark verzerrte Ergebnisse. Dann sollten andere Formen der Befragung in Erwägung gezogen werden.

Für eine hohe Datenqualität ist es ebenfalls wünschenswert, dass möglichst viele der eingeladenen Personen teilnehmen. Da eine Onlinebefragung die Teilnehmenden mitten im Alltag erreicht, sollte sie motivierend kommuniziert werden und kürzer ausfallen als Studien mit anderen Erhebungsmethoden (idealerweise 10 bis 15 min).

Viele Punkte, die bei der Umsetzung mithilfe eines Onlinetools beachtet werden sollten, werden in Kap. 6 ausführlich thematisiert. Bevor es aber um diese wichtigen technischen Aspekte geht, werden in den nächsten Kapiteln Schritt für Schritt die verschiedenen Grundlagen des empirischen Forschens mit Fragebögen vorgestellt.

> **Empfehlungen für die Praxis**
>
> - Prüfen Sie, welche Methode Ihrem Untersuchungsthema am besten gerecht wird. Ein Onlinefragebogen eignet sich insbesondere, wenn die Ergebnisse auf eine breite statistische Basis gestellt werden sollen und sich das Thema gut mithilfe ‚ankreuzbarer' Fragen mit festen Antwortkategorien behandeln lässt.
> - Onlinetools erleichtern nur die letzten Schritte bei einer Onlinestudie – entwickeln Sie den Fragebogen vorher unter Beachtung wichtiger Regeln der Fragebogenkonzeption.
> - Prüfen Sie, ob Sie Ihre Zielgruppe online hinreichend gut erreichen können.

Literatur

ADM (2020): Jahresbericht. 2020. https://www.adm-ev.de/wp-content/uploads/2021/09/210819_ADM_Jahresbericht-2020_WEB.pdf. Zugegriffen: 09. Sept. 2021.

Brosius, H.-B., Haas, A., & Koschel, F. (2016). *Methoden der empirischen Kommunikationsforschung* (7. Aufl.). Springer VS.

Fantapié Altobelli, C. (2017). *Marktforschung* (3. Aufl.). utb.

Huber, O. (2013). *Das psychologische Experiment: Eine Einführung* (6. Aufl.). Huber.

Hussy, W., Schreier, M., & Echterhoff, G. (2013). *Forschungsmethoden in Psychologie und Sozialwissenschaften* (2. Aufl.). Springer.

Masuch, C., Nguyen, F., Stolz, A., & von Thaden, C. (2020). Ökonomisierung des Customer-Experiene-Managements mit dem „Return-on-Experience"-Ansatz. In M. Terstiege (Hrsg.), *Digitales Marketing – Erfolgsmodelle aus der Praxis* (S. 417–436). Springer Gabler.

Mummendey, H. D., & Grau, I. (2014). *Die Fragebogen-Methode* (4. Aufl.). Hogrefe.

Schnell, R. (2019). *Survey-Interviews* (2. Aufl.). Springer VS.

Schnell, R., Hill, P. H., & Esser, E. (2018). *Methoden der empirischen Sozialforschung* (11. Aufl.). de Gruyter.

Silber, H., Weiß, B., Struminskaya, B., & Durrant, G. B. (2018). Onlinebefragungen auf mobilen Endgeräten: Potentiale und Herausforderungen. *Psychotherapie, Psychosomatik, medizinische Psychologie (PPmP), 68*(7), 319–320.

Theobald, A. (2017). *Praxis Online-Marktforschung.* Springer Gabler.

Welker, M. (2019). Computer- und onlinegestützte Methoden für die Untersuchung digitaler Kommunikation. In W. Schweiger & K. Beck (Hrsg.), *Handbuch Online-Kommunikation* (S. 531–572). Springer VS.

2 Grundlagen des empirischen Arbeitens

> **Was Sie aus diesem Kapitel mitnehmen**
> - Welche Schritte eine empirische Studie durchläuft und welche Position die Fragebogenerstellung dabei einnimmt.
> - Was man unter Operationalisierung versteht und weshalb diese nötig ist.
> - Welche Gütekriterien erfüllt sein müssen, damit ein Fragebogen eine hohe Qualität aufweist.

Onlinetools erlauben es meist schon nach kurzer Einarbeitung, mit wenigen Klicks die ersten Fragen für das eigene Forschungsprojekt anzulegen. Die Arbeit an einer Befragung sollte aber nicht direkt mit der Formulierung der Fragen starten. Dieses Kapitel gibt einen Überblick über die zentralen Phasen des empirischen Forschungsprozesses (Abschn. 2.1), die auch bei Fragebogenstudien durchlaufen werden. Es wird aufgezeigt, wie aus einer ersten groben Idee zu einer Befragung Fragestellungen formuliert und im Rahmen der Operationalisierung in Testfragen übersetzt werden (Abschn. 2.2). Bei diesem letzten Schritt sind bestimmte Gütekriterien zu beachten, die über die Qualität und Aussagekraft des Fragebogens entscheiden (Abschn. 2.3).

2.1 Der Fragebogen als Teil des Forschungsprozesses

Allzu häufig wird bei Befragungen direkt mit der Formulierung von Fragen begonnen, woraus sich oft eine kaum mehr zu bremsende Eigendynamik entwickelt, die auf die Feinoptimierung des ‚Wordings' einzelner Fragen abzielt. Dies liegt teilweise daran, dass die vorbereitenden Schritte einer Befragung, insbesondere die Formulierung von Forschungszielen und Fragestellungen, oft nicht als eigenständige Phase betrachtet werden (Noelle-Neumann & Petersen, 1998, S. 93). Hier werden allerdings entscheidende Weichen gestellt, die darüber entscheiden, ob der Fragebogen relevante und verlässliche Erkenntnisse liefert. Die drei Phasen des empirischen Forschungsprozesses sind in Abb. 2.1 dargestellt.

Entdeckungszusammenhang
In der ersten Phase geht es um die Frage, wie eine Fragestellung, mit der sich eine empirische Studie befassen soll, entsteht, wie sie also als Problem oder Thema ‚entdeckt' wird.

In der Praxis handelt es sich gewöhnlich um relevante Themen eines Unternehmens, bei denen Informationsbedarf besteht. So könnte ein Unternehmen der Automobilbranche sich vor dem Hintergrund der in der Branche wahrnehmbaren Aktivitäten im Bereich des autonomen Fahrens die Frage stellen, wie sich Fahrzeugpassagiere das Interieur eines autonom fahrenden Fahrzeuges vorstellen.

Es empfiehlt sich, ein solches zu Beginn eher unkonkretes, mitunter ‚schwammiges' Thema in Form einer Fragestellung oder Zielsetzung zu präzisieren, auf die sich die am Prozess Beteiligten gemeinsam verständigen sollten. Damit wird ein erster wesentlicher Grundstein gelegt, der später mit darüber entscheiden wird, inwieweit Ergebnisse aus einer empirischen Untersuchung im Unternehmen verwertbar sind. Zu Beginn könnte etwa folgende Vorstellung in einem Unternehmen bestehen, aus der sich später eine empirische Studie ergibt:

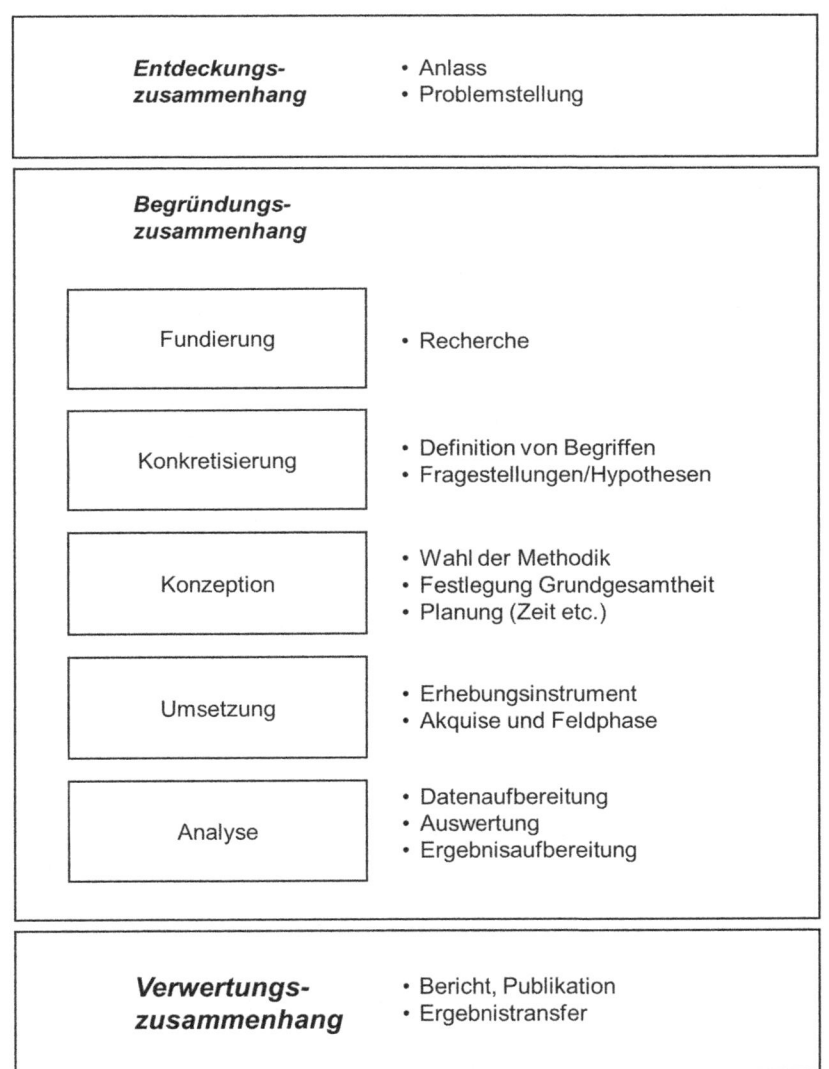

Abb. 2.1 Die Phasen des empirischen Forschungsprozesses. Eigene Darstellung, orientiert an Brosius et al. (2016, S. 28) sowie Möhring & Schlütz (2019, S. 11)

> **Beispiel**
>
> *Mit dem autonomen Fahren ändern sich auch die Möglichkeiten in einem Fahrzeuginnenraum. Wir wissen nicht genau, was sich dort realisieren lässt und wie das unsere Kunden sehen.*
> In ersten Abstimmungsrunden zwischen den beteiligten Stakeholdern lässt sich dieser noch grob umrissene Anlass für eine Studie folgendermaßen konkretisieren:
> *Wir wollen herausfinden, welche Einstellung unsere Zielgruppe zum Aufenthalt in einem autonom fahrenden Fahrzeug hat und wie sie sich Gestaltung und Nutzung eines solchen Interieurs vorstellt.*

Begründungszusammenhang
Nach Identifikation und Spezifikation der Problemstellung folgen Vorbereitung, Durchführung und Analyse der empirischen Studie. Zu Beginn findet in der Phase der **Fundierung** eine intensive Auseinandersetzung mit der jeweiligen Thematik statt, bei der auf Basis von Recherchen theoretische und empirische Grundlagen erarbeitet werden. Es wird geprüft, welches Wissen bereits in der Forschungsliteratur oder innerhalb eines Unternehmens verfügbar ist. Neben theoretischen Erkenntnissen werden auch datenbasierte Erkenntnisse, etwa aus früheren Marktforschungsstudien, zusammengetragen und ausgewertet.

> Eine gründliche Aufarbeitung des Wissensstandes zum Thema (in Wissenschaft, Unternehmen, Markt…) erleichtert die weitere Konzeption einer Studie deutlich. Zeit, die hier investiert wird, wird in späteren Phasen wieder eingespart.

Diese Fundierung des Themas ermöglicht die sich anschließende **Konkretisierung,** bei der als Erstes Begriffe (z. B. der Begriff der Einstellung, der in der psychologischen und kommunikationswissenschaftlichen Literatur begrifflich klar beschrieben wird) definiert werden.

Die Arbeit mit wissenschaftlicher Fachliteratur wird meist mit Forschungsaktivitäten an Universitäten in Verbindung gebracht. Auch in der Praxis sollte trotz Zeitdruck und begrenzten Ressourcen dieser Schritt keinesfalls übersprungen werden. Er bietet nicht nur die

Chance, bereits existierende Erkenntnisse zum Thema zu identifizieren, die somit nicht erneut untersucht werden müssen, sondern liefert auch Hinweise, die sich für die Ausarbeitung des Erhebungsinstruments nutzen lassen. So helfen Modelle der Einstellungsbildung, um etwa die Einstellung gegenüber dem Aufenthalt in einem autonom fahrenden Fahrzeug zu erfassen.

Für die im Entdeckungszusammenhang formulierte Zielsetzung wird eine Konkretisierung vorgenommen, indem sie in mehrere klar formulierte Unterfragestellungen aufgeteilt wird. Diese Fragestellungen werden häufig Programmfragen genannt (Brosius et al., 2016, S. 95). Auch dieser Schritt sollte möglichst im Konsens zwischen den verschiedenen an der Studie beteiligten Gruppen erfolgen, um sicherzustellen, dass ein gemeinsames Verständnis des Themas und der Fragestellungen besteht.

Problemstellung

Identifikation der Einstellung unserer Zielgruppe zum Aufenthalt in einem autonom fahrenden Fahrzeug sowie Vorstellungen bezüglich Gestaltung und Nutzung eines solchen Interieurs.

Konkretisierte Forschungsfragen:

- Welches Wissen hat unsere Zielgruppe zum autonomen Fahren?
- Welche Einstellung besteht generell zum autonomen Fahren?
- Worin werden Vor- und Nachteile beim Aufenthalt in einem autonom fahrenden Fahrzeug gesehen?
- Womit möchte sich unsere Zielgruppe in einem autonom fahrenden Fahrzeug beschäftigen und welche Ausstattungen sind dazu erforderlich?

Aus einer eher abstrakten Problemstellung werden mehrere konkretere Einzelfragestellungen abgeleitet. Eine möglichst erschöpfende Zusammenstellung und präzise Formulierung solcher Fragestellungen bietet eine bestmögliche Grundlage für die spätere Ausarbeitung eines Fragebogens. Wenn diese wertvolle Vorarbeit nicht geleistet wird, passiert es leicht, dass ein Fragebogen eher zu einer zufälligen Zusammenstellung von Einzelfragen wird. Später bei der Datenanalyse kann sich dann die Erkenntnis einstellen, dass die Ergebnisse nicht das beantworten, was letztlich herausgefunden werden sollte.

Insbesondere bei wissenschaftlichen Studien treten an die Stelle von Fragestellungen Hypothesen, die aus theoretischen Grundlagen und wissenschaftlichen Modellen abgeleitet werden (z. B. *„Jüngere und Ältere unterscheiden sich hinsichtlich ihrer Einstellung zum autonomen Fahren"*). Hypothesen spielen insbesondere im Hinblick auf die statistische Analyse eine zentrale Rolle (zur Vertiefung verschiedener Hypothesenarten siehe z. B. Sedlmeier & Renkewitz, 2018, S. 52 ff.). Bei Befragungsthemen aus der Praxis dominieren in aller Regel Fragestellungen, die sich in der Analysephase aber mit denselben statistischen Tests prüfen lassen wie Hypothesen (Überblick über statistische Verfahren z. B. bei Bühner & Ziegler, 2017 oder Cleff, 2019).

In der **Konzeptionsphase** können auf Basis der erarbeiteten Grundlagen und Fragestellungen Entscheidungen bezüglich der grundlegenden Forschungsmethodik und des Forschungsdesigns getroffen werden (z. B. die Entscheidung für eine Fragebogenstudie).

Eng im Zusammenhang mit dem methodischen Ansatz steht die Definition der Grundgesamtheit, also der Zielgruppe, über die Erkenntnisse gewonnen werden sollen (z. B. Kunden eines Unternehmens, ggf. auch nur bestimmte Teilgruppen in bestimmtem Alter etc.).

In der **Umsetzungsphase** folgt schließlich die Konzeption des Erhebungsinstruments. In diesem Schritt werden die Fragestellungen in konkrete Fragen übersetzt, die später der Stichprobe gestellt werden. Dieser Schritt wird Operationalisierung genannt. Nach Fertigstellung des Erhebungsinstruments, einem Pretest und weiteren vorbereitenden Schritten (s. Kap. 6) geht die Studie ins Feld, bei einer Onlinebefragung bedeutet dies, dass über verschiedene Kanäle Teilnehmerinnen und Teilnehmer akquiriert und Befragungsdaten gesammelt werden.

Am Ende des empirisch orientierten Begründungszusammenhangs stehen Aufbereitung und **Analyse** der Daten sowie die Aufbereitung der Ergebnisse etwa in Form von Tabellen und Abbildungen.

> Bereits bevor eine Befragung ins Feld geht, sollte geprüft werden, welche Datenanalysen später auf Basis des Fragebogens möglich sind und ob sich damit alle Forschungsfragen beantworten lassen.

Verwertungszusammenhang
Die Ergebnisse, die als Resultat statistischer Analysen zumeist noch wenig Anschaulichkeit besitzen, müssen im letzten Schritt mit Blick auf die Adressaten der Studie, also etwa Entscheidungsgremien innerhalb eines Unternehmens, in Form von Präsentationen oder Berichten aufgearbeitet werden. Damit werden die zuvor formulierten Fragestellungen oder Hypothesen explizit beantwortet. Der Transfer und die Nutzung der Studienergebnisse in der Unternehmenspraxis hängen entscheidend davon ab, wie gut und zielgruppengerecht die Darstellung der Studienergebnisse gelingt. Auch diese Phase fordert von den Forschenden einen Perspektivenwechsel. Während bei der Konzeption eines Fragebogens die Perspektive der Befragungszielgruppe eingenommen werden muss, sollten die Ergebnisse nun aus dem Blickwinkel der Adressaten der Studie aus Unternehmen oder Wissenschaft aufbereitet werden.

> Auch gut gemachte Studien können am Ende bei Präsentation und Nutzung im Unternehmen scheitern. Neben einer hohen methodischen Qualität ist es daher entscheidend, dass alle Akteure frühzeitig in die Studie eingebunden werden. Bei der Präsentation sollte die Perspektive der einzelnen Stakeholer eingenommen werden.

2.2 Von der Programm- zur Testfrage

Die Programmfragen, also die Fragestellungen, die eine empirische Studie beantworten soll, können nicht direkt als Fragen in den Fragebogen übernommen werden. So enthält die Fragestellung *„Inwieweit wird die Einstellung zu einer Celebrity in der Werbung von deren Glaubwürdigkeit beeinflusst?"* Begriffe, die nicht eindeutig messbar sind (Einstellung, Glaubwürdigkeit) oder noch eine genauere Umschreibung benötigen (Celebrity), damit sie von den Befragten, die üblicherweise keine Experten auf dem jeweiligen Gebiet sind, verstanden werden. Zudem wären Befragte mit der Beantwortung überfordert, da mehrere Überlegungen angestellt und verdichtet werden müssten: Sofern bereits eine bestimmte berühmte Persönlichkeit genannt wurde, müsste eine

Einstellung gebildet werden (ohne dass spezifiziert ist, was genau unter einer Einstellung zu verstehen ist), ebenso müsste die Glaubwürdigkeit der Celebrity eingestuft und schließlich geprüft werden, ob die beiden Größen voneinander abhängen.

Für eine überwiegend quantitativ ausgerichtete Onlinebefragung ergeben sich bei der Überführung solcher Programmfragen in Testfragen folgende Schritte (angelehnt an Möhring & Schlütz, 2019, S. 13 f.):

- Präzisierung der relevanten Begriffe, Konstrukte oder Variablen, bei Bedarf Unterteilung in Dimensionen
- Operationalisierung: Überführung in Fragebogen-Testfragen mit in der Regel numerischen Antwortkategorien

Präzisierung der Begriffe
Im Bereich der empirischen Forschung werden abstrakte Begriffe wie etwa Glaubwürdigkeit als Variablen betrachtet. Variablen sind veränderliche Größen, die mehrere Ausprägungen annehmen können (Hussy et al., 2013, S. 38). Veränderlich ist die Variable Glaubwürdigkeit dadurch, dass unterschiedliche Levels an Glaubwürdigkeit bestehen können (z. B. *„sehr glaubwürdig"* oder *„eher weniger glaubwürdig"*). Wenn solche nicht direkt beobachtbaren Variablen eine theoretische Grundlage haben und Teil einer wissenschaftlichen Theorie oder eines Modells sind, wird auch von Konstrukten gesprochen (Möhring & Schlütz, 2019, S. 13).

Im Rahmen von Recherchen in der Forschungsliteratur oder auch auf Basis von Informationen innerhalb eines Unternehmens sollten die relevanten Variablen und Konstrukte möglichst prägnant definiert und nach Möglichkeit weiter in Dimensionen unterteilt werden. So gibt es bereits Modellansätze, welche den Begriff der Glaubwürdigkeit in drei Unterdimensionen aufschlüsseln (Ohanian, 1990, S. 39 ff.), nämlich Vertrauenswürdigkeit, Expertise und Attraktivität. Eine solche Unterteilung in einzelne Facetten ist Teil der dimensionalen Analyse, die auf eine tief gehende Analyse und Strukturierung des Untersuchungsgegenstandes abzielt (zur Vertiefung s. Kromrey et al., 2016, S. 119 ff.).

Je umfassender mit Hilfe von Recherchen die einzelnen Begriffe konkretisiert werden können, desto leichter fällt die sich anschließende Erstellung der dazu passenden Fragen.

Operationalisierung
Wenn die Begriffe identifiziert und hinreichend spezifiziert sind, können sie messbar gemacht werden, was als Operationalisierung bezeichnet wird. Erst in diesem Schritt werden die zuvor eher abstrakten Variablen und Konstrukte beobachtbar (Hussy et al., 2013, S. 39). Bei einem Fragebogen wird eine Erfassung in Form von Zahlenwerten angestrebt. Die messbar gemachten Größen werden Indikatoren genannt. Auch in diesem Schritt hilft die vorherige Aufarbeitung des Themas. Im Fall des Konstrukts Glaubwürdigkeit liefert die Recherche nicht nur Informationen zu Unterdimensionen, sondern bereits eine fertige Operationalisierung in Form eines Fragebogens, bei dem jede Dimension mit Hilfe von jeweils fünf Indikatoren gemessen wird. Abb. 2.2 zeigt diese Unterteilung in Unterdimensionen sowie die Operationalisierung des Konstrukts.

Durch die jeweils 5-stufigen Indikatoren werden die einzelnen Dimensionen messbar, damit ist die Operationalisierung abgeschlossen. Dass jede Dimension mit mehreren Indikatoren gemessen wird, ist durchaus üblich bei der Messung solcher komplexeren Konstrukte. Es erhöht die Messgenauigkeit und bildet die zugrunde liegende Dimension inhaltlich umfassender ab. Sollte eine Recherche zwar die Untergliederung eines Konstrukts in Dimensionen ermöglichen, für die jedoch noch keine Indikatoren verfügbar sind, müssen diese selbst entwickelt werden.

2.3 Gütekriterien

Bei den Testfragen, die im Rahmen der Operationalisierung entwickelt wurden, ist natürlich eine möglichst hohe Qualität anzustreben. Hier stellt sich die Frage, nach welchen Kriterien die Qualität eines Frage-

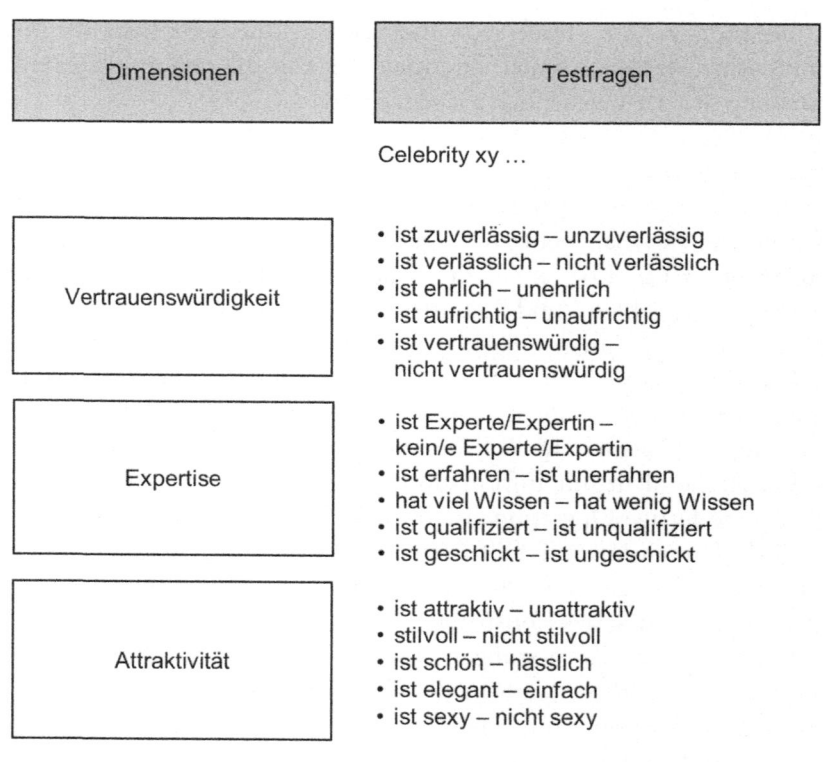

Abb. 2.2 Aufteilung und Operationalisierung des Konstrukts Glaubwürdigkeit. Eigene Übersetzung auf Basis von Ohanian (1990, S. 50)

bogens beurteilt werden kann. Auf dem Gebiet der empirischen Forschungsmethoden werden drei zentrale Gütekriterien unterschieden, die je nach Erhebungsmethode und Untersuchungsdesign unterschiedlichen Stellenwert haben und teilweise um weitere Kriterien ergänzt werden. Auch Branchenverbände wie der ADM (Arbeitskreis Deutscher Markt- und Sozialforschungsinstitute e. V.) definieren Qualitätsstandards für den gesamten Prozess der Anwendung empirischer Methoden (ADM o. J.).

Bei den drei grundlegenden, in weiten Bereichen der empirischen Forschung auch außerhalb von Markt- und Sozialforschung präsenten Gütekriterien handelt es sich um Objektivität, Reliabilität und Validität.

Objektivität

> Objektivität eines Erhebungsinstruments ist gegeben, wenn Daten und Ergebnisse unabhängig von der Person der Forschenden (z. B. von Interviewenden oder Auswertenden) sind (orientiert an Fantapié Altobelli, 2017, S. 96).

Objektivität lässt sich in drei Arten unterteilen, die an den zentralen Phasen eines Erhebungsprozesses orientiert sind (Durchführungs-, Auswertungs- und Interpretationsobjektivität; Döring & Bortz, 2016, S. 443). Insgesamt ist das Kriterium der Objektivität bei Onlinebefragungen leichter zu erfüllen als bei anderen Erhebungsmethoden, da in der Befragungssituation keine direkte Interaktion mit den Forschenden stattfindet. Die Perspektive und das Verhalten der Forschenden können sich somit nicht auf die Ergebnisse auswirken. Deshalb spielen die nachfolgenden Kriterien der Reliabilität und Validität bei Befragungen eine größere Rolle als die Objektivität und sollten bei der Fragebogenentwicklung im Fokus der Aufmerksamkeit stehen.

Reliabilität

> Reliabilität bezieht sich auf die Genauigkeit und Zuverlässigkeit eines Messinstruments. So sollte eine Wiederholung der Messung unter gleichen Bedingungen zum gleichen Ergebnis führen (orientiert an Möhring & Schlütz, 2019, S. 18).

Klassische physikalische Messinstrumente wie etwa eine Waage weisen im Allgemeinen eine hohe Reliabilität auf. Eine gut funktionierende Waage zeigt zweimal praktisch denselben Wert an, wenn sich eine Person kurz hintereinander wiegt, ohne dazwischen Nahrung zu sich genommen zu haben. Schwanken die Werte leicht, bedeutet dies kleinere Einschränkungen bei der Reliabilität. Die Reliabilität wird durch Messfehler eingeschränkt, die unterschiedliche Ursachen haben können. Bei vielen sozialwissenschaftlichen Messmethoden wird sie durch situative Rahmenbedingungen, die Eigenschaften des Messinstruments und Merkmale der Person beeinflusst (Sedlmeier & Renkewitz, 2018, S. 81).

Situative Rahmenbedingungen beziehen sich auf alle äußeren Umstände, unter denen eine Messung stattfindet. Gängige Größen sind etwa Temperatur und Tageszeit. Diese sind bei einer Onlinebefragung nicht zu kontrollieren, da die Befragten letztlich selbst entscheiden, zu welchem Zeitpunkt und unter welchen Bedingungen sie an der Studie teilnehmen.

Bei den **Eigenschaften des Messinstruments** geht es um Effekte, die durch die Formulierung von Fragen und Antwortkategorien ausgelöst werden. Wenn beispielsweise viele verschiedene Serien hinsichtlich des Gefallens auf einer 10-stufigen Skala (*„gefällt mir überhaupt nicht"* bis *„gefällt mir sehr gut"*) bewertet werden sollen, könnte eine wiederholte Messung zu leicht abweichenden Ergebnissen führen. Auch schwer verständliche Fragen, die beim ersten Lesen unter Umständen anders verstanden werden als beim zweiten Mal, reduzieren die Reliabilität.

Eine weitere Problematik besteht bei einem Fragebogen darin, dass er bei den Befragten Lern- und Reifungsprozesse anstoßen kann (Brosius et al., 2016, S. 53). Werden Informationen vermittelt, die vorher noch nicht bekannt waren, kann dies zu einer Neubewertung der eigenen Meinung führen. Wenn eine Befragung darüber informiert, dass eine bestimmte Celebrity-Persönlichkeit Werbung für eine Marke macht, könnte sich dies auf die spätere Bewertung der Marke niederschlagen.

Mit **Merkmalen der Person** werden diejenigen Einflüsse bezeichnet, die durch die Person des Befragten beim Ausfüllen des Fragebogens zum Tragen kommen. So kann eine Befragung eine Testperson einmal in einer Situation erreichen, in der sie viel Zeit hat und die Befragung hoch konzentriert bearbeitet. In einem anderen Fall könnte die Testperson unter hohem Zeitdruck stehen und während der Teilnahme an der Befragung immer wieder unterbrochen werden. Manche Antworten fielen folglich weniger reflektiert und damit weniger reliabel aus.

> Die Reliabilität eines Onlinefragebogens kann insbesondere durch folgende Punkte verbessert werden:
>
> - Sorgfältige Formulierung der Fragen und Antwortoptionen (s. Kap. 3 und 4)
> - Wahl einer angemessenen Fragenreihenfolge (s. Kap. 5), um zumindest teilweise Einflüsse von Fragebogeninhalten auf Antworten bei bestimmten Fragen abzumildern.
> - Eine klare Kommunikation der Befragungsdauer sowie die Möglichkeit, die Befragung zu unterbrechen. Dies trägt dazu bei, dass Befragte eine Teilnahme zu einem bestimmten Zeitpunkt besser einschätzen können.

Validität
Objektivität und Reliabilität haben Auswirkungen auf das dritte Gütekriterium, die Validität. Sind sie unzureichend erfüllt, ergeben sich auch für die Validität Einschränkungen. Umgekehrt genügen jedoch hohe Objektivität und Reliabilität nicht, um hohe Validität sicherzustellen.

> Validität bezeichnet die Gültigkeit eines Messinstruments und bezieht sich darauf, ob ein Messinstrument das misst, was es messen soll (orientiert an Brosius et al., 2016, S. 51; Fantapié Altobelli, 2017, S. 99).

Bei bekannten physikalischen Größen wie der Messung des Gewichts ist die Validität des Verfahrens meist offenkundig. So ist eine herkömmliche Waage ein valides Messinstrument zur Gewichtsmessung. Fragen in einem Fragebogen sind valide, wenn sie die Konstrukte und abstrakten Variablen, die erfasst werden sollen, messen. Wenn beispielsweise die Kaufabsicht eines bestimmten Produkts erfasst werden soll, genügt es nicht, lediglich nach der wahrgenommenen Qualität des Produkts zu fragen. Stattdessen müssen Fragen das Konstrukt der Kaufabsicht adressieren (z. B.: *„Planen Sie in den nächsten vier Wochen den Kauf des Produkts x?"* oder *„Inwieweit können Sie sich vorstellen, Produkt x zu kaufen?"*).

Bei Erhebungsinstrumenten werden drei Arten der Validität unterschieden (Moosbrugger & Kelava, 2020, S. 30 ff.). **Inhaltsvalidität** liegt vor, wenn das zu erfassende Konstrukt gültig und vollständig durch Testfragen erfasst wird. Sie muss subjektiv auf Basis vorheriger theoretischer Recherchen zum Thema eingestuft werden und wird deshalb auch als Augenscheinvalidität bezeichnet. Möchte man das in der Psychologie als Teil des ‚Big Five'-Modells (McCrae & Costa, 1999, S. 139 ff.) bekannte Persönlichkeitsmerkmal der Extraversion messen, muss im Rahmen einer Recherche zunächst zusammengestellt werden, welche Merkmale dieses Konstrukt umfasst (z. B. gerne unter Menschen sein; sich gerne mit anderen Menschen unterhalten). Die Testfragen dazu weisen hohe Inhaltsvalidität auf, wenn all diese Merkmale angemessen durch Fragen abgebildet werden können.

> Die Inhaltsvalidität sollte bei Studien in der Praxis im Rahmen der Fragebogenentwicklung optimiert werden. Dies lässt sich auch bei knappen zeitlichen Ressourcen gut umsetzen. Dabei helfen folgende Kontrollfragen, die sich idealerweise verschiedene Personen unabhängig voneinander stellen:
>
> - Passen die Fragen zu dem Konstrukt, das gemessen werden soll?
> - Decken die Fragen alle Aspekte ab, die auf Basis der Recherche zu diesem Konstrukt gehören?

Bei der **Kriteriumsvalidität** wird überprüft, inwieweit eine Messmethode für ein bestimmtes Konstrukt mit einer zweiten Messmethode zur gleichen oder einer verwandten Thematik übereinstimmt. Wenn Fragen für die Erfassung von Extraversion formuliert wurden, lassen sich die Ergebnisse später zu einer anderen Methode der Extraversionsmessung in Beziehung setzen. Bei der Ermittlung der Kriteriumsvalidität eines Fragebogens zur Erfassung der Big-Five-Persönlichkeitsmerkmale wurde bei einer Stichprobe von Paaren die Einschätzung durch Partnerin beziehungsweise Partner als Kriterium genutzt, mit dem die Selbsteinschätzungsurteile des Fragebogens verglichen wurden (Rammstedt & John, 2005, S. 200).

Für die Bestimmung der Kriteriumsvalidität eines Eignungstests für Bewerberinnen und Bewerber in einem Unternehmen können Indikatoren für den späteren Berufserfolg eingesetzt werden. Kriteriumsvalidität wird vor allem im wissenschaftlichen Kontext eingesetzt, wenn Fragebögen entwickelt werden, die über lange Zeit immer wieder zur Erfassung eines bestimmten Konstrukts eingesetzt werden sollen.

> Kriteriums- und Konstruktvalidität sind sehr anspruchsvoll zu bestimmen, weshalb sie gerade bei einmalig durchgeführten Studien in der Praxis selten umfassend geprüft werden.
> In der Praxis bekommen sie allerdings auch Relevanz, wenn Messinstrumente entwickelt werden, die immer wieder verwendet werden (z. B. bei der kontinuierlichen Messung der Kundenzufriedenheit). Gut validierte Instrumente liefern später verlässlichere Erkenntnisse.

Auch die **Konstruktvalidität** spielt insbesondere im Forschungskontext eine Rolle. Sie untersucht die Brauchbarkeit eines Messinstruments im Forschungsprozess (Brosius et al., 2016, S. 58). Bei der Konstruktvalidität wird geprüft, inwieweit das zugrunde liegende theoretische Konstrukt durch die einzelnen Testfragen erfasst wird und wie die Fragen in Beziehung zueinander und zu anderen Konstrukten stehen (Möhring & Schlütz, 2019, S. 20). Wenn die Konstruktvalidität von Fragen zur Messung der Extraversion ermittelt werden soll, wird untersucht, ob diese Fragen untereinander stark zusammenhängen, und ob sich ihre Beantwortung von Fragen zu anderen Konstrukten unterscheidet. So sollten alle Fragen, die sich auf Extraversion beziehen, ähnlich beantwortet werden. Allerdings sollten diese Fragen eher weniger mit Fragen zur Messung eines anderen Persönlichkeitsmerkmals, zum Beispiel der Gewissenhaftigkeit, zusammenhängen. Wie die Kriteriumsvalidität lässt sich auch die Konstruktvalidität mit Hilfe von Kennwerten erfassen (zur Vertiefung z. B. Moosbrugger & Kelava, 2020, S. 305 ff.).

> **Empfehlungen für die Praxis**
>
> - Nehmen Sie sich vor der Fragebogenerstellung Zeit, um Problemstellung und konkrete Fragestellungen mit allen Beteiligten zu diskutieren und auszuarbeiten.
> - Trennen Sie klar zwischen Programm- und Testfragen: Programmfragen müssen stets in Testfragen übersetzt werden.
> - Recherchieren Sie umfassend relevante Begriffe und Konstrukte. Je differenzierter sich diese beschreiben lassen, desto leichter fällt die spätere Formulierung der Testfragen.
> - Überlegen Sie, welche Aspekte die Reliabilität und Validität Ihres Fragebogens einschränken könnten, und versuchen Sie Maßnahmen zu ergreifen (insbesondere bzgl. Formulierung und Reihenfolge der Fragen, s. Kap. 3, 4 und 5).
> - Denken Sie bereits bei der Erarbeitung des Fragebogens an die spätere Auswertung.

Literatur

ADM. (o. J.). https://www.adm-ev.de/standards-richtlinien/#anker3. Zugegriffen: 10. Sept. 2021.

Brosius, H.-B., Haas, A., & Koschel, F. (2016). *Methoden der empirischen Kommunikationsforschung* (7. Aufl.). Springer VS.

Bühner, M., & Ziegler, M. (2017). *Statistik für Psychologen und Sozialwissenschaftler* (2. Aufl.). Pearson.

Cleff, T. (2019). *Angewandte Induktive Statistik und Statistische Testverfahren: Eine computergestützte Einführung mit Excel, SPSS und Stata*. Springer Gabler.

Döring, N., & Bortz, J. (2016). *Forschungsmethoden und Evaluation in den Sozial- und Humanwissenschaften* (5. Aufl.). Springer.

Fantapié Altobelli, C. (2017). *Marktforschung* (3. Aufl.). utb.

Hussy, W., Schreier, M., & Echterhoff, G. (2013). *Forschungsmethoden in Psychologie und Sozialwissenschaften* (2. Aufl.). Springer.

Kromrey, H., Roose, J., & Strübing, J. (2016). *Empirische Sozialforschung: Modelle und Methoden der standardisierten Datenerhebung und Datenauswertung* (13. Aufl.). UVK.

McCrae, R. R., & Costa, P. T. (1999). A five-factor theory of personality. In L. A. Pervin & O. P. John (Hrsg.), *Handbook of personality: Theory and research* (2. Aufl., S. 139–153). Guilford.

Möhring, W., & Schlütz, D. (2019). *Die Befragung in der Medien- und Kommunikationswissenschaft* (3. Aufl.). Springer VS.

Moosbrugger, H., & Kelava, A. (2020). *Testtheorie und Fragebogenkonstruktion* (3. Aufl.). Springer.

Noelle-Neumann, E., & Petersen, T. (1998). *Alle, nicht jeder* (2. Aufl.). Springer.

Ohanian, R. (1990). Construction and validation of a scale to measure celebrity endorsers' perceived expertise, trustworthiness, and attractiveness. *Journal of Advertising, 19*(3), 39–52.

Rammstedt, B., & John, O. P. (2005). Kurzversion des Big Five Inventory (BFI-K): Entwicklung und Validierung eines ökonomischen Inventars zur Erfassung der fünf Faktoren der Persönlichkeit. *Diagnostica, 51*(4), 195–206.

Sedlmeier, P., & Renkewitz, F. (2018). *Forschungsmethoden und Statistik in der Psychologie* (3. Aufl.). Pearson.

3
Formate von Fragen

> **Was Sie aus diesem Kapitel mitnehmen**
>
> - Welche Fragen- und Antwortformate bei Onlinefragebögen verwendet werden können.
> - Worauf bei den einzelnen Formaten zu achten ist und wofür sie sich jeweils eignen.
> - Welche verschiedenen Formen von Ratingskalen es gibt.

Auch in alltäglichen Gesprächssituationen verwenden wir bei Fragen unterschiedliche Formate, die jeweils darauf abgestimmt sind, was wir in Erfahrung bringen möchten. Um möglichst unbefangene Antworten zu erhalten, stellen wir offene ‚W-Fragen' *("Wie…", „Weshalb…")*. In anderen Situationen streben wir hingegen Ja-Nein-Antworten an. Auch innerhalb von Onlinefragebögen können vielfältige Formate von Fragen und Antwortoptionen eingesetzt werden. Die wichtigsten dieser Itemformate (Fragen werden bei Fragebögen oft als Items bezeichnet) sowie ihre Einsatzmöglichkeiten werden in diesem Kapitel vorgestellt. Da in Onlinefragebögen Fragentypen dominieren, deren Antworten statistisch ausgewertet werden, wird auch auf die Thematik des Skalenniveaus eingegangen.

3.1 Geschlossene, halboffene und offene Fragen

Geschlossene Fragen zeichnen sich dadurch aus, dass sie fest vorgegebene Antwortoptionen aufweisen, unter denen Befragte durch Ankreuzen oder das Markieren eines Buttons ihre Auswahl treffen. Den einzelnen Antwortoptionen werden Zahlenwerte zugeordnet, die später die Basis für eine statistische Analyse bilden. Bei geschlossenen Fragen wird zunächst zwischen Einfach- und Mehrfachwahlfragen unterschieden. Bei einer Einfachwahl können Befragte lediglich eine Option wählen, während bei Mehrfachwahl mehrere Antworten als zutreffend markiert werden können. Abb. 3.1 zeigt Beispiele für die beiden Fragentypen. Während die Antworten einer Frage mit Einfachwahl im späteren Datensatz eine einzelne Variable bilden (im Beispiel benannt als Häufig_Einkauf), benötigen Mehrfachwahlfragen eine Variable pro Antwortoption (Markt01–Markt08), da für jede Option numerisch erfasst werden muss, ob sie gewählt wurde oder nicht (meist 0 oder 1).

Innerhalb eines Fragebogens werden die Antwortfelder bei Einfach- und Mehrfachwahlfragen im Allgemeinen unterschiedlich dargestellt. So nutzen viele Befragungstools bei Einfachwahlfragen runde Radio Buttons (O), für die Antwortoptionen bei Mehrfachwahl Check Boxes (☐). Neben verbalen Hinweisen innerhalb des Fragentexts (*"Bitte wählen Sie alle zutreffenden Punkte aus"*) erleichtert auch diese zusätzliche visuelle Kennzeichnung die Unterscheidbarkeit der Fragentypen.

Im Gegensatz zu geschlossenen Fragen weisen **offene Fragen** keine festen Antwortoptionen auf. Stattdessen wird eine freie Antwort erwartet, für die in einem Onlinefragebogen ein Antworttextfeld bereitgestellt wird. Dies geht aufgrund der fehlenden Hinweise durch Antwortvorgaben mit höheren kognitiven Anforderungen an die Befragten einher. Offene Fragen erfordern damit mehr Zeit zum

3 Formate von Fragen

Einfachwahl: Wie häufig kaufen Sie in Supermärkten/Discountern ein?		Mehrfachwahl: Bei welchen Supermärkten/Discountern haben Sie in den letzten vier Wochen zumindest einmal eingekauft? Bitte kreuzen Sie alle zutreffenden Punkte an.	
Häufig_Einkauf		Edeka	❏ Markt01
täglich	◯ 1	Rewe	❏ Markt02
mehrmals pro Woche	◯ 2	Aldi	❏ Markt03
einmal pro Woche	◯ 3	Penny	❏ Markt04
alle zwei Wochen	◯ 4	Lidl	❏ Markt05
seltener	◯ 5	Kaufland	❏ Markt06
		Real	❏ Markt07
		Sonstige	❏ Markt08

Abb. 3.1 Einfach- vs. Mehrfachwahl

Antworten und können bei zu häufigem Auftreten zum Abbruch einer Befragung führen. Sie werden insbesondere von Personen beantwortet, die hohes Interesse am Thema der Befragung haben (Holland & Christian, 2009, S. 209 f.). Bei der Analyse entsteht deutlich höherer Aufwand, da Textantworten üblicherweise nicht statistisch, sondern qualitativ-inhaltsanalytisch ausgewertet werden (zur qualitativen Inhaltsanalyse siehe Mayring, 2010).

> Bei Onlinefragebögen empfiehlt sich ein sehr sparsamer Einsatz von offenen Fragen bei Themen, bei denen spontane, möglichst unbefangene Rückmeldungen eingeholt werden sollen oder bei denen noch zu wenig Wissen vorliegt, um geschlossene Fragenformate zu formulieren.

Eine offene Frage im Rahmen einer Befragung zur Wahrnehmung bestimmter Marken könnte etwa lauten: *„Welche Eigenschaften bringen Sie ganz spontan mit dieser Marke in Verbindung? Bitte tragen Sie bis zu drei Eigenschaften in die Textfelder ein."* Durch die Vorgabe mehrerer kleiner Textfelder können die Antworten bereits vorstrukturiert werden. Auch vermitteln einzelne kleine Felder im Gegensatz zu einem großen Textfeld über viele Zeilen eher den Eindruck, auch diese Frage trotz ihres offenen Formats zügig beantworten zu können. Bei einer Befragungslänge von 15 Minuten sollten im Allgemeinen nicht mehr als ein bis zwei solcher offenen Fragen gestellt werden.

Vor der Entscheidung, ob eine Frage in offener Form gestellt wird, sollte geprüft werden, ob sie sich nicht auch durch ein geschlossenes Antwortformat abbilden lässt. So benötigt die Konzeption fester Antwortkategorien zwar mehr Zeit, weil zunächst alle relevanten Antwortkategorien gesichtet werden müssen; dafür reduziert sich der Aufwand bei der Datenanalyse später erheblich.

Zwischen offenen und geschlossenen Fragen liegen die halboffenen Fragenformate. Bei ihnen wird eine geschlossene Frage um (mindestens) eine weitere Antwortkategorie ergänzt, die offen beantwortet werden kann. Bei dieser zusätzlichen Wahlmöglichkeit handelt es sich meistens um eine Kategorie wie *„Sonstiges"*. Eine solche ist immer dann sinnvoll, wenn bei einer geschlossenen Frage zwar die Mehrzahl der Befragten eine passende Antwortkategorie finden dürfte, jedoch davon auszugehen ist, dass es noch einige zusätzliche sehr individuelle Antworten gibt. Abb. 3.2 stellt die drei Fragentypen an einem Beispiel gegenüber.

Welchen Webbrowser haben Sie zuletzt an Ihrem stationären PC oder Laptop genutzt?		
Geschlossen	**Halboffen**	**Offen**
Internet Explorer ○	Internet Explorer ○	.... (Freitextfeld)
Edge ○	Edge ○	
Chrome ○	Chrome ○	
Firefox ○	Firefox ○	
Safari ○	Safari ○	
	Einen anderen, und zwar: ○	

Abb. 3.2 Geschlossene, halboffene und offene Fragen

3.2 Skalenniveaus

Bei geschlossenen Fragen werden den Antwortoptionen Zahlenwerte zugeordnet. Das Skalen- oder Messniveau definiert dabei, welche Eigenschaften dieser Zahlen bei einer Frage oder Variablen interpretiert werden dürfen. In der Statistik werden nominales, ordinales und metrisches Skalenniveau unterschieden, wobei das metrische Niveau meist noch in Intervall- und Verhältnisskala unterteilt wird (Bortz & Schuster, 2010, S. 13 ff.).

Beim niedrigsten, dem **nominalen Skalenniveau,** stehen die Zahlenwerte für einzelne Ausprägungen, die lediglich nach gleich und ungleich unterschieden werden können. So können dem Geschlecht als nominalskalierter Variablen die Werte 1 (*„Weiblich"*), 2 (*„Männlich"*) und 3 (*„Divers"*) zugeordnet werden. Das Ansteigen der Werte von

1 bis 3 hat in diesem Fall jedoch keine Bedeutung. So lässt sich beispielsweise dem Wert 1 lediglich entnehmen, dass eine Person, die diese Angabe gemacht hat, sich bezüglich des Geschlechts von einer Person mit Angabe 2 oder 3 unterscheidet und bezüglich des Geschlechts die gleiche Ausprägung aufweist wie eine andere Person, für die ebenfalls der Wert 1 erfasst wurde. Dies hat Implikationen für die statistischen Operationen, die mit solchen Variablen durchgeführt werden dürfen. Gerade am Beispiel der Variablen Geschlecht wird schnell deutlich, dass die Bildung eines Mittelwerts nicht zielführend wäre (so würde z. B. ein Geschlechter-Mittelwert von 1,45 keine sinnvolle Aussage über die Geschlechterverteilung der Befragten machen). Stattdessen können bei nominalen Variablen im Wesentlichen Aussagen über Häufigkeiten und Prozentwerte der einzelnen Merkmale gemacht werden (z. B. *„65 Prozent der Stichprobe sind Frauen"*).

Die **Ordinalskala** stellt das nächst höhere Skalenniveau dar. Neben der Gleichheit und Ungleichheit von Zahlenwerten dürfen zusätzlich Ordnungsrelationen im Sinne von größer und kleiner interpretiert werden. Wenn gefragt wird, wie häufig Befragte Serien über einen bestimmten Streamingdienst anschauen, wird gewöhnlich ein Antwortformat mit ordinalem Skalenniveau verwendet. Die Antwortoptionen 1 *(„nie")*, 2 *(„selten")*, 3 *(„oft")*, 4 *(„sehr oft")* weisen eine klare Abstufung der Nutzungshäufigkeit von *„nie"* zu *„sehr oft"* auf. Wenn jedoch 2 für *„selten"* und 3 für *„manchmal"* stehen würden, wäre die Rangfolge weniger eindeutig. Hier käme die Frage auf, ob *„selten"* tatsächlich vor *„manchmal"* kommt oder dies im sprachlichen Empfinden zumindest einiger Befragter auch auf gleichem Niveau liegen könnte und somit die ordinale Skalierung stören würde. Gelegentlich besteht bei ordinalen Fragen noch die zusätzliche Möglichkeit, ein Feld wie *„keine Angabe"* zu wählen (s. Abb. 3.3). Bei einer Analyse auf ordinalem Skalenniveau müssen solche Wahlmöglichkeiten ausgeschlossen werden, indem sie in einer Statistiksoftware als fehlende Werte behandelt werden. Ansonsten würde bei der Auswertung im Beispiel zur Nutzungshäufigkeit der Wert für *„keine Angabe"* als noch häufiger als *„sehr oft"* interpretiert werden.

Nominal **Ihr Geschlecht?** weiblich ○ 1 männlich ○ 2 divers ○ 3	männlich ≠ weiblich ≠ divers
Ordinal Wie häufig schauen Sie Serien über Netflix an? nie ○ 1 selten ○ 2 oft ○ 3 sehr oft ○ 4 keine Angabe ○ 5	nie < selten < oft < sehr oft Abstände aufeinanderfolgender Ausprägungen nicht gleich
Metrisch (intervallskaliert) Wie warm war es heute, als Sie mit Ihrem Training begonnen haben? .... °C	gleiche Abstände aufeinanderfolgender Ausprägungen: Abstand 10 zu 11 °C gleich wie 17 zu 18 °C Kein absoluter Nullpunkt
Metrisch (verhältnisskaliert) Wie alt sind Sie? .... Jahre	Absoluter Nullpunkt Verhältnisse interpretierbar: 20 J ist doppelt so alt wie 10 J

Abb. 3.3 Skalenniveaus

Bei **metrischem Skalenniveau** kommt eine weitere Eigenschaft hinzu, die bei den Zahlenwerten einer Variablen interpretiert werden darf. Hierbei handelt es sich um die Gleichabständigkeit zwischen aufeinanderfolgenden Ausprägungen. So kann bei der ordinal skalierten Frage nach der Streamingdienstnutzung nicht davon ausgegangen werden, dass der Abstand hinsichtlich der Nutzungshäufigkeit zwischen „*nie*" und „*selten*" exakt gleich groß ist wie zwischen „*selten*" und „*oft*". Diese Eigenschaft ist erst bei metrischen Skalen wie der Grad-Celsius-Temperaturskala erfüllt. So ist die Differenz zwischen 10 und 11 Grad Celsius exakt gleich groß wie zwischen 17 und 18 Grad. Bei der Grad-Celsius-Skala existiert noch kein absoluter Nullpunkt (so kann der Wert von 0 Grad deutlich unterschritten werden), weshalb es sich um eine Intervallskala handelt. Wenn eine metrische Skala zusätzlich einen absoluten Nullpunkt aufweist (wie die Grad-Kelvin-Temperaturskala), liegt eine Verhältnis- oder Ratio-Skala vor. Bei solchen Skalen dürfen auch Verhältnisse interpretiert werden. So ist die Aussage, dass 100 Grad Kelvin doppelt so hohe Temperatur bedeuten wie 50 Grad Kelvin in dieser Skala korrekt. In der Celsiusskala ohne absoluten Nullpunkt darf jedoch ein Wert von 20 Grad nicht als doppelt so warm wie 10 Grad beschrieben werden.

Metrisches Skalenniveau liegt bei vielen physikalischen Messgrößen vor (z. B. Zeit, Gewicht). Neben manchen soziodemografischen Variablen wie Lebensalter (in Jahren) oder Einkommen (in EUR) sind metrische Variablen in Fragebögen jedoch eher selten anzutreffen. Dies hat zur Folge, dass bestimmte statistische Kennwerte wie Mittelwerte, die diesem höchsten Skalenniveau vorbehalten sind, bei der Mehrzahl von Variablen innerhalb eines Fragebogens nicht berechnet werden dürfen. Gerade in Sozialwissenschaften und Psychologie, wo intensiv mit Fragebögen geforscht wird, wurden jedoch Rahmenbedingungen identifiziert, unter denen sich bestimmte Formen geschlossener Fragen als zumindest quasi-metrisch interpretieren lassen und damit vielfältigere statistische Analysen ermöglichen (s. Abschn. 3.4).

3.3 Rangordnungs- und Rankingfragen

Rangordnungs- und Rankingfragen in einem Fragebogen erheben Daten auf ordinalem Skalenniveau. Da aufeinanderfolgende Antwortmöglichkeiten keine Gleichabständigkeit aufweisen, liegt kein metrisches Skalenniveau vor.

Bei **Rangordnungsfragen** werden ordinal abgestufte Antwortoptionen angeboten (Möhring & Schlütz, 2019, S. 82). Dieses Itemformat kommt bei Fragen zu Häufigkeiten oder Mengen zum Einsatz, bei denen diese sprachlich nur grob abgestuft *("Wie häufig hören Sie Podcasts? sehr häufig, häufig, selten, sehr selten")* oder auch zu Kategorien zusammengefasst sind *("Wie hoch ist Ihr monatliches Nettohaushaltseinkommen? 0 bis unter 300 EUR, 300 bis unter 500 EUR, 500 bis unter 1.000 EUR, 1.000 bis unter 1.500 EUR usw.")*.

Rangordnungsformate werden gerne dann gewählt, wenn detaillierte Angaben mit metrischem Skalenniveau (z. B. exakte wöchentliche Nutzungsdauer von Podcasts) schwierig zu erinnern und zu beantworten sind oder gröbere Angaben in etwas breiteren Kategorien (z. B. Einkommen im Bereich unter 300 EUR) für die nachfolgende Auswertung genügen. Gerade bei sensiblen Themen wie dem Einkommen kann die Einordnung in eine Einkommensklasse unverfänglicher wirken als die exakte Angabe des persönlichen Einkommens. Die Ergebnisse werden ähnlich wie bei Daten auf nominalem Skalenniveau mit den Häufigkeiten der einzelnen Antwortoptionen in Form von Tabellen oder Abbildungen dargestellt. Abb. 3.4 zeigt gestapelte Balkendiagramme, bei denen sich die Häufigkeitsverteilungen mehrerer Variablen oder Gruppen von Personen direkt miteinander vergleichen lassen. Statistisch wäre aufgrund des ordinalen Skalenniveaus auch eine Berechnung von Medianen möglich. Der Median trennt die Verteilung in zwei gleich große Hälften – eine Hälfte der Stichprobe weist also geringere Werte auf, die andere höhere Werte.

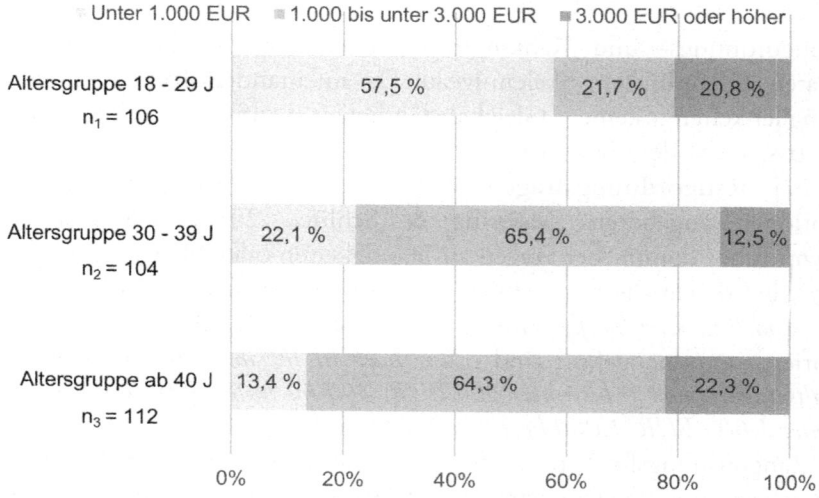

Abb. 3.4 Stapeldiagramm für eine Rangordnungsfrage

Bei **Rankingfragen** werden Befragte aufgefordert, bestimmte Antwortoptionen in eine Rangreihe zu bringen. Sie erfordern eine klare Positionierung der Befragten hinsichtlich der Reihenfolge ihrer Prioritäten:

Beispiel

Wie wichtig sind Ihnen folgende Punkte bei einem Streamingdienst-Anbieter? Bitte bringen Sie diese in eine Rangreihe, indem Sie sie in der Reihenfolge ihrer Wichtigkeit anklicken. Der erste Aspekt, den Sie anklicken, ist dabei der wichtigste usw.
Auszuwählende Punkte: Günstiger Preis, Verzicht auf Werbung, großes Angebot an Sendungen, hohe Qualität des Programmangebots, Aktualität des Programmangebots…

Bei der Verwendung von Rankings müssen mehrere Punkte berücksichtigt werden. So erlauben sie lediglich relative Einschätzungen. Man erfährt bei der Analyse, dass ein Punkt eine höhere Bedeutung hat als ein anderer, das absolute Niveau der Wichtigkeit wird jedoch nicht deutlich. So kann ein Aspekt zwar auf Platz eins einer Rangreihe stehen, aber dennoch für die Befragten nur moderate Bedeutung haben. Auch steigt die Schwierigkeit bei der Beantwortung mit zunehmender Anzahl an Optionen. Bei den meisten Themen dürfte es Befragten sehr schwer fallen, mehr als sechs bis acht Antwortoptionen in eine Rangreihe zu bringen. Bei Fragen mit zwingend mehr Alternativen sollten folglich andere Formate wie etwa Ratingfragen (s. Abschn. 3.4) genutzt werden.

Die Ergebnisse können ähnlich wie bei Rangordnungsfragen dargestellt werden, indem die Häufigkeiten der vergebenen Ränge tabellarisch oder als Abbildung visualisiert werden. Da auch die Komplexität der Ergebnisdarstellung mit der Zahl der Antwortoptionen steigt, kann die Darstellung zum Beispiel durch eine Zusammenfassung von Rängen vereinfacht werden. Anstatt Häufigkeiten jedes denkbaren Rangplatzes anzugeben, können die Rangabstufungen zum Beispiel in drei Bereiche gruppiert werden (z. B. Wichtigkeit hoch, mittel, niedrig).

Neben einer nicht zu hohen Anzahl an Antwortoptionen sollte bei Rankingfragen immer darauf geachtet werden, dass die Reihenfolge des Rankings genau spezifiziert ist, die Befragten also wissen, ob Rang eins für die wichtigste oder die unwichtigste Option steht.

3.4 Ratingfragen

Bei Ratingskalen handelt es sich um eine Itemform, bei der die Intensität von Einstellungen, Meinungen oder Verhalten in abgestufter Form erfasst wird (Möhring & Schlütz, 2019, S. 86). Ein typisches Beispiel ist eine Frage, bei der auf einer fünfstufigen Skala zwischen den Polen *„trifft überhaupt nicht zu"* und *„trifft voll und ganz zu"* eine Einschätzung vorgenommen werden soll. Üblicherweise wird bei Ratingskalen angestrebt, später Analysen auf metrischem Skalenniveau durchzuführen. Da von einer perfekten Gleichabständigkeit der Intervalle aufeinanderfolgender Antwortoptionen in aller Regel nicht ausgegangen werden kann, wird anstelle von metrisch lediglich von quasi-metrisch gesprochen (Völkl & Korb, 2018, S. 20). Die Interpretation als metrische Skala und die damit einhergehende Verwendung statistischer Kennwerte (wie etwa die Berechnung von Mittelwerten) geht zwar mit einem gewissen Fehler einher, der allerdings unter bestimmten Rahmenbedingungen gerade in den Sozialwissenschaften und der Psychologie als vernachlässigbar eingeordnet wird (Borgatta & Bohrnstedt, 1980, S. 147 ff.). Nach Schmidt und Opp (1976, S. 35) dürfen Ratingskalen als metrische Variablen in der Analyse genutzt werden, wenn sie mindestens fünf Ausprägungen aufweisen und ein Datensatz von mindestens 100 Fällen vorliegt. Ähnliche Positionen, die bei hinreichender Anzahl an Abstufungen Analysen auf metrischem Skalenniveau als zulässig betrachten, werden auch von zahlreichen anderen Autoren vertreten (z. B. Cleff, 2019, S. 19; Porst, 2014, S. 75 f.). Ratingskalen lassen sich nach mehreren Kriterien unterteilen, von denen die wichtigsten im Folgenden skizziert werden.

3.4.1 Skalenbenennung

Bei der Skalenbenennung geht es darum, in welcher Weise bei Fragen mit abgestuften Antwortmöglichkeiten die einzelnen Antwortoptionen bezeichnet werden. Dafür gibt es im Wesentlichen zwei Möglichkeiten (Porst, 2014, S. 81). Bei der **endpunktbenannten Skala** werden lediglich die äußersten Punkte an den beiden Polen benannt. Wenn zum Beispiel eingeschätzt werden soll, inwieweit bestimmte Eigenschaften auf eine Marke zutreffen, könnten die Pole mit den Bezeichnungen *„trifft überhaupt nicht zu"* und *„trifft voll und ganz zu"* beschriftet werden. Befragte können das zutreffende Maß der jeweiligen Eigenschaft somit auf mehreren Abstufungen zwischen diesen beiden Polen bewerten, wie es zum Beispiel in einer Skala zur Messung der Markenpersönlichkeit nach Mäder (2005, S. 115) der Fall ist. Die Ausprägungen dazwischen bleiben ohne sprachliche Bezeichnungen. Bei endpunktbenannten Skalen wird oft angenommen, dass sie im Vergleich zu anderen Ratingskalen am ehesten als metrisch beziehungsweise quasi-metrisch interpretiert werden dürfen (Porst, 2014, S. 82; Wirtz & Nachtigall, 1998, S. 53). Ein Nachteil der endpunktbenannten Skalen besteht darin, dass Befragte die Skalenpunkte auf leicht unterschiedliche Weise interpretieren, was die Reliabilität etwas reduziert.

Vollständig verbalisierte Skalen verwenden im Gegensatz dazu sprachliche Beschreibungen für jede Antwortausprägung. Sie erleichtern in der Regel das Ausfüllen, da die Bedeutung jeder Antwortoption vorgegeben ist. Dies führt zu einer gegenüber endpunktbenannten Skalen leicht höheren Reliabilität (Menold et al., 2014, S. 21 ff.), zudem werden verbalisierte Skalen von Befragten eher präferiert (Menold & Bogner, 2015, S. 3).

Andererseits bringt die verbalisierte Skala auch verschiedene Probleme mit sich. So wird es mit zunehmender Zahl an Antwortstufen schwieriger, diese auf geeignete Weise zu benennen. Gerade mit Blick auf mobil bearbeitete Fragebögen ergibt sich bei vielen Ausprägungen ein Platzproblem für die Beschriftungen. Mit Blick auf ein angestrebtes quasi-metrisches Skalenniveau ist es zudem entscheidend, die verbalen Anker möglichst gleichabständig und symmetrisch um die Mitte herum zu wählen (Franzen, 2014, S. 849). Bei den Abstufungen *„trifft überhaupt nicht zu", „trifft eher nicht zu", „trifft eher zu", „trifft voll und ganz zu"* sind Symmetrie und Gleichabständigkeit aufeinanderfolgender Skalenpunkte eher gegeben als bei den Abstufungen *„trifft nicht zu, trifft ein wenig zu, trifft etwas zu, trifft voll und ganz zu"*. So fällt der Abstand zwischen *„trifft ein wenig zu"* und *„trifft etwas zu"* vermutlich sehr gering aus, während sich *„trifft etwas zu"* und *„trifft voll und ganz zu"* stärker unterscheiden dürften. Wenn verbalisierte Skalen möglichst gleichabständig und symmetrisch formuliert werden, begünstigt dies ein quasi-metrisches Skalenniveau, allerdings weisen endpunktbenannte Skalen bezüglich des Skalenniveaus einen leichten Vorteil auf (Porst, 2014, S. 82).

Im Zusammenhang mit der Beschriftung der einzelnen Stufen stellt sich noch eine weitere Frage. Sowohl bei endpunktbenannten als auch bei verbal vollständig beschrifteten Fragen gilt es zu entscheiden, welche **Richtung** die Skala aufweisen soll. Mit Richtung ist gemeint, auf welcher Seite der Skala die niedrige beziehungsweise hohe Ausprägung steht, ob also eine Zustimmungsskala links mit *„stimme überhaupt nicht zu"* beginnt und am rechten Rand mit *„stimme voll und ganz zu"* endet, oder ob die umgekehrte Anordnung gewählt wird. Welche Variante sich für eine Befragung eher anbietet, hängt entscheidend damit zusammen, ob die Fragen mündlich oder schriftlich gestellt werden. Bei einem Onlinefragebogen werden die Fragen mit ihren Antwortkategorien visuell präsentiert. Aufgrund der zumindest im deutschsprachigen, europäischen oder angloamerikanischen Sprachraum verbreiteten Leserichtung von links nach rechts wirkt eine in diese Richtung ansteigende Intensität intuitiver und kann somit leichter verarbeitet werden (Porst, 2014, S. 89 f.). Wir sind daran gewöhnt, dass neben Texten auch grafische Darstellungen von Entwicklungen links beginnen und sich nach rechts entwickeln. Wenn „*stimme überhaupt nicht zu*" ganz links steht, stellt dies die niedrigste Intensität dar, die nach rechts hin ansteigt. Für die spätere Datenanalyse hat diese Anordnung zudem den (kleinen) Vorteil, dass die üblicherweise von links nach rechts erfolgende Nummerierung der Antwortoptionen dazu führt, dass ein hoher Grad an Zustimmung auch hohen Zahlenwerten zugewiesen wird. Wenn die umgekehrte Anordnung (1 = „*stimme voll und ganz zu*", 7 = „*stimme überhaupt nicht zu*") gewählt wird, empfiehlt es sich, vor der Analyse die Skala umzupolen, also die Werte neu in umgekehrter Richtung anzuordnen (1 = „*stimme überhaupt nicht zu*" etc.).

> Sowohl endpunktbenannte als auch vollständig verbalisierte Items eignen sich für einen Fragebogen und können unter bestimmten Voraussetzungen zumindest quasi-metrisches Skalenniveau aufweisen.
> Generell sollte links der Pol der niedrigsten Intensität (z. B. „*trifft überhaupt nicht zu*") stehen – möglichst durchgängig im gesamten Fragebogen.

3.4.2 Skalenbreite

Bei abgestuften Ratingskalen muss festgelegt werden, welche Anzahl an Abstufungen sie aufweisen sollen. Eine Entscheidung für eine bestimmte Skalenbreite legt ebenfalls fest, ob eine Skala über eine gerade oder ungerade Anzahl an Ausprägungen verfügt. Beide Aspekte werden in Forschung und Praxis intensiv diskutiert. Zwar gibt es in beiden Fällen nicht die eine richtige Antwort, allerdings lassen sich auf Basis des heutigen Wissens über Fragebögen Empfehlungen formulieren, die zumindest für viele Situationen angemessen sein dürften.

Bei der Frage der **optimalen Skalenbreite** spielen insbesondere zwei Aspekte eine Rolle: der Wunsch nach Differenzierung bei der Antwort und die Abstraktionsfähigkeit der Befragten. Lediglich zwei Antwortstufen (z. B. „*ich stimme nicht zu*" und „*ich stimme zu*") sind bei vielen Fragestellungen sowohl für den Forschungszweck als auch für die Befragten zu undifferenziert. Eine zu hohe Anzahl an Ausprägungen überfordert jedoch, da Befragte dann überlegen müssen, worin etwa der Unterschied zwischen Stufe 95 und 96 zwischen den Polen „*trifft überhaupt nicht zu*" und „*trifft voll und ganz zu*" besteht. Mit einer höheren Stufenzahl steigt also die Komplexität für die Befragten und damit auch die Bearbeitungszeit. Ebenso kommt es zu höherer Fehlerstreuung in den Angaben – weil Befragte Meinungen eben nicht beliebig differenziert einstufen können. Bei mobil beantworteten Befragungen stellt sich noch ein weiteres Problem. Die Darstellung einer sehr großen Menge an Ausprägungen wird auf gängigen Displaygrößen extrem unübersichtlich.

Porst (2014, S. 87) empfiehlt für endpunktbenannte Skalen zwischen fünf und neun Ausprägungen, bei verbalisierten Skalen zwischen vier und sechs, da bei größerer Skalenbreite die Benennung der Skalenpunkte zunehmend schwierig wird.

> Insgesamt dürfte bei Ratingskalen für viele Anwendungsfälle mit Blick auf die Nutzung mobiler Geräte mit begrenzter Anzeigefläche sowie auf ein wünschenswertes quasi-metrisches Skalenniveau das Optimum zwischen fünf und sieben Abstufungen liegen.

Dieser Bereich hat sich auch in der Praxis bislang durchgesetzt (Menold & Bogner, 2015, S. 2), Skalen mit Abstufungen jenseits von sieben oder neun Ausprägungen bringen praktisch keine weiteren Vorteile bezüglich der Reliabilität (Franzen, 2014, S. 847).

Sollte innerhalb dieses Bereiches nun eher eine **gerade** oder eher eine **ungerade Anzahl** an **Skalenpunkten** gewählt werden? Bei einer geraden Anzahl von Ausprägungen fehlt eine mittlere Kategorie für eine Position zwischen den Extremen. Die Befragten müssen bei einer 6-stufigen Skala mit den Polen „*trifft überhaupt nicht zu*" und „*trifft voll und ganz zu*" also entscheiden, ob sie eher zustimmen oder eher nicht. Eine Option wie „*teils-teils*" oder „*weder-noch*" ist nicht verfügbar. Befürworter gerader Anzahlen von Ausprägungen heben genau dies als zentralen Vorteil hervor – Befragte müssen sich positionieren und können sich nicht unreflektiert in eine neutrale Fluchtkategorie zurückziehen. Dem halten die Befürworter der Skalenmitte durchaus zurecht entgegen: Manchmal gibt es eine mittlere Meinung. Wenn dafür keine Antwortmöglichkeit angeboten wird, wählen die Befragten per Zufall die Ausprägung rechts oder links davon, was Fehlerstreuung generiert. Wenn einem Befragten eine bestimmte Antwortoption vorenthalten wird, kann dies zudem zu Non-Response, also zum Nicht-Beantworten eines Items oder gar zum Abbruch der Befragung führen. Dies passiert insbesondere, wenn innerhalb der Studie Antwortzwang besteht.

Es liegt eine Vielzahl an Studien vor, in denen Skalen mit beziehungsweise ohne Skalenmitte hinsichtlich verschiedener Eigenschaften und Gütekriterien wie Reliabilität und Validität untersucht wurden. Insgesamt unterscheiden sich beide Varianten wenig voneinander.

> Die Vor- und Nachteile von Items mit gerader beziehungsweise ungerader Anzahl von Antwortausprägungen heben sich weitestgehend auf. Beide Formate sind akzeptabel. Wichtiger ist eine angemessene Anzahl der Ausprägungen.

3.4.3 Spezielle Ratingskalen aus der Einstellungsforschung

In der psychologischen Einstellungsforschung wurden schon früh Fragenformate entwickelt, um Einstellungen von Personen zu bestimmten Themen messen zu können. Bei Einstellungen handelt es sich in der Psychologie um summarische Bewertungen bestimmter Einstellungsobjekte wie Menschen, Gegenstände oder Ideen (Aronson et al., 2014, S. 218; Ajzen, 2001, S. 28). Im Marketingkontext bietet sich eine Einstellungsmessung zu Marken, Produkten oder auch bestimmten Kommunikationsmaßnahmen an. Bei Einstellungen handelt es sich um ein komplexeres Konstrukt, das im Allgemeinen mit mehreren Fragebogenitems gemessen wird.

Likert-Skala
Besonders verbreitet in der Fragebogenforschung ist der Begriff der Likert-Skala (entwickelt von Likert, 1932). Darunter versteht man ein aus mehreren Items bestehendes Messinstrument mit mehrstufigen Ratingskalen zur Bewertung eines Einstellungsobjekts, wobei jedes Item gleich viele zustimmende wie abweisende Ausprägungen aufweisen sollte (Eid & Schmidt, 2014, S. 117 f.). Bei diesen Items handelt es sich um Zustimmungsitems, die meist fünf bis sieben Abstufungen aufweisen und durchgängig verbal verankert oder endpunktbenannt sind (z. B. mit den Polen *„stimme überhaupt nicht"* zu bis *„stimme voll und ganz zu"*). In Tools für Onlinebefragungen lassen sich Likert-Skalen als sogenannte Matrixfragen anlegen. Eine Matrixdarstellung ergibt sich dadurch, dass mehrere Items in Zeilen untereinanderstehen, die jeweils in den Spalten die gleiche Anzahl an Abstufungen aufweisen (s. Abb. 3.5).

Nachdem Sie gerade den Instagram-Post einer Influencerin gesehen haben: Inwieweit stimmen Sie folgenden Aussagen zu?		
Ich glaube, diese Person hat ...		
	überhaupt nicht	sehr
ähnliche Ideen und Gedanken wie ich.	○ ○ ○ ○ ○ ○ ○ ○ ○	
ähnliche Einstellungen wie ich.	○ ○ ○ ○ ○ ○ ○ ○ ○	
ähnliche Überzeugungen wie ich.	○ ○ ○ ○ ○ ○ ○ ○ ○	

Abb. 3.5 Likert-Skala zur Messung von wahrgenommener Ähnlichkeit. Übersetzt auf Basis von Rodrigues et al. (2017, S. 19).

Die zusammengehörenden Items werden üblicherweise bei der Analyse durch Mittelwertbildung zu einem Indexwert zusammengefasst, was ein quasi-metrisches Skalenniveau erfordert. Die Zusammenfassung mehrerer Items zu einem Gesamtwert trägt dem Umstand Rechnung, dass die einzelnen Items unterschiedliche Facetten des zu messenden Einstellungs-Konstrukts erfassen. Durch die Indexbildung ergibt sich folglich die summarische Einstellung gegenüber dem jeweiligen Einstellungsobjekt.

> Nicht jedes Item mit mehrstufigem Rating ist eine Likert-Skala! Eine Likert-Skala besteht immer aus mehreren mehrstufigen Items, die gemeinsam ein bestimmtes Konstrukt messen.
> Bei einzelnen Items, die kein gemeinsames Konstrukt abbilden, sollte stattdessen von Likert-Items gesprochen werden.

Semantisches Differential

Das Semantische Differential stellt eine weitere bekannte fragebogenbasierte Methode der Einstellungsmessung dar, die von Osgood et al. (1957) entwickelt wurde. Es bezeichnet ein Instrument mit mehreren mehrstufigen Items, bei dem die Pole aus zwei gegensätzlichen Begriffen bestehen. Heute wird darunter ein Messverfahren verstanden, mit dem die affektive Qualität von Begriffen und anderen Objekten ermittelt wird (Möhring & Schlütz, 2019, S. 95), was sich im Marketingkontext beispielsweise bei der Messung des Images einer Marke anbietet. Da die Befragten bei jedem Begriffspaar ihre Antworten zwischen den beiden Polen kenntlich machen, wird für das Semantische Differential auch der Begriff **Polaritätenprofil** verwendet. Ein Profil ergibt sich durch die Ausprägungen eines zu bewertenden Einstellungsobjekts über die einzelnen Begriffspaare hinweg. Als grafische Darstellung werden oft Profillinien verwendet.

Abb. 3.6 zeigt ein Beispiel für die Ergebnisdarstellung zu einem Semantischen Differential mit mehreren sogenannten bipolaren Items. Bipolare Items weisen an Polen gegensätzliche Merkmale auf

3 Formate von Fragen   49

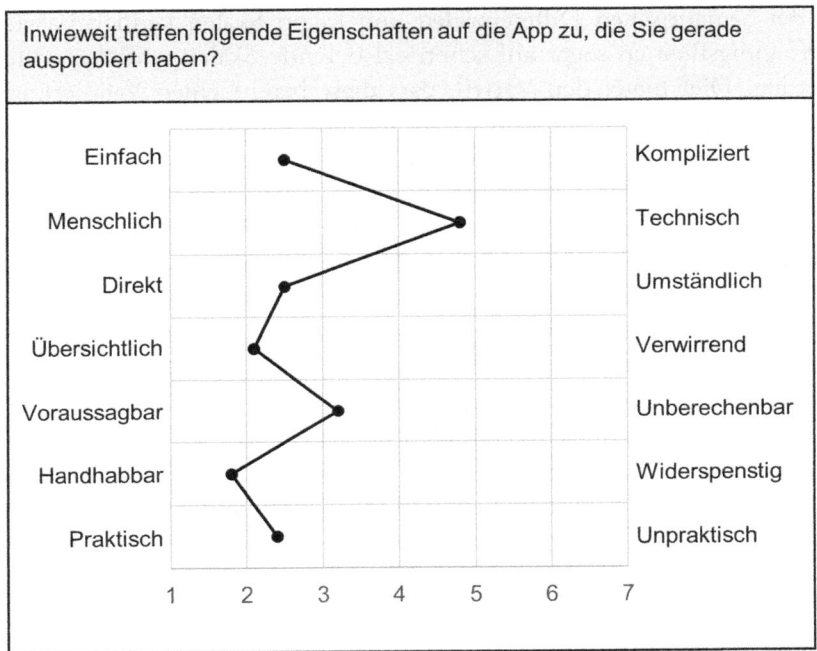

Abb. 3.6 Ergebnisse eines Semantischen Differentials zur Messung bestimmter Aspekte der User Experience. AttrakDiff2 nach Hassenzahl et al. (2003, S. 192), eigene Daten

(z. B. *„lehne voll und ganz ab"* bis *„stimme voll und ganz zu"; „gut"* bis *„schlecht";* Scholl, 2018, S. 168 f.). Charakteristisch für Semantische Differenziale sind mehrere solcher bipolarer Gegensatzpaare, für die in der Regel Adjektive verwendet werden. Ein unipolares Item erstreckt sich im Gegensatz dazu von einer Ausprägung, die meist einen Punkt geringer Intensität zum Ausdruck bringt, lediglich in eine Richtung bis zu einem Punkt maximaler Intensität, es beschreibt also den Grad des Vorhandenseins eines bestimmten Merkmals (z. B. *„nie"* bis *„sehr oft"; „stimme überhaupt nicht zu"* bis *„stimme voll und ganz zu"*).

Bei Semantischen Differenzialen und Likert-Skalen kann bei vielen Befragungsthemen sogar auf schon existierende Skalen zurückgegriffen werden. Dies bietet den Vorteil, dass diese bereits einen Validierungsprozess durchlaufen und ihre Eignung zur Messung der Konstrukte bewiesen haben. Eine umfassende Zusammenstellung von Messinstrumenten vieler Konstrukte aus dem Marketing (z. B. zur Einstellung gegenüber verschiedenen Themen, Markenpersönlichkeit, Markenvertrautheit oder auch zum Kaufentscheidungsstil von Konsumenten) findet sich beispielsweise bei Bruner (2015, Marketing Scales Handbook). Viele deutschsprachige Skalen zu unterschiedlichen Themen werden von GESIS (Leibniz-Institut für Sozialwissenschaften) auf der Open-Access-Plattform ZIS zusammengestellt (GESIS, o. J.).

Wenn ein Semantisches Differenzial neu konzipiert werden muss, sollte darauf geachtet werden, dass die Begriffspaare aus klar gegensätzlichen Begriffen bestehen. Findet sich keine befriedigende Lösung, empfiehlt es sich, stattdessen eine unipolare Likert-Skala zu konzipieren.

In der psychologischen Einstellungsforschung wurden weitere Methoden zur Einstellungsmessung wie beispielsweise die Skalogramm-Methode nach Guttmann oder die Thurstone-Skala entwickelt, die jedoch weit weniger verbreitet sind (Überblick z. B. bei Foscht et al., 2017, S. 76 ff.; Krosnick et al., 2005, S. 21 ff.).

3.5 Fazit

Ein Fragebogen besteht meist aus einer bunten Mischung unterschiedlicher Itemformate. Innerhalb der einzelnen Formate sind noch bestimmte Entscheidungen zu treffen (z. B. zur Breite einer Ratingskala), für die es aus der Fachliteratur teilweise Empfehlungen, aber keine eindeutig überlegene Variante gibt.

Offene Fragen bilden in einem Fragebogen eher eine Ausnahme und sind sehr spezifischen Situationen vorbehalten, wie etwa spontanen, unbefangenen Rückmeldungen oder Themen, zu denen sich noch keine geschlossenen Fragen formulieren lassen. Bei Programmfragen, die mit geschlossenen Fragen untersucht werden, sind oft mehrere Fragenformate denkbar. So können viele Themen sowohl in Form einer Rankingfrage als auch in Form einer Mehrfachwahlfrage oder mittels einer Ratingskala umgesetzt werden. Hier gilt es mehrere Punkte abzuwägen:

> - Wie wichtig ist die Frage mit Blick auf die Hauptfragestellungen der Studie?
> - Wie sollen die Daten später ausgewertet werden und welches Skalenniveau ist dafür erforderlich?
> - Wie differenziert können Befragte sich zu einem Thema äußern?
> - Kann das Itemformat gut zwischen Antworten verschiedener Personen differenzieren oder muss davon ausgegangen werden, dass meistens die gleiche Antwortkategorie gewählt wird?
> - Soll eine klare Priorisierungsreihenfolge erzwungen werden oder ist es akzeptabel, wenn mehrere Aspekte gleich eingestuft werden (z. B. hinsichtlich Wichtigkeit)?
> - Welche anderen Fragenformate werden im Fragebogen bislang verwendet? Besteht die Möglichkeit, etwas Abwechslung zu schaffen, oder ist es notwendig, bei dieser Frage ein ähnliches Format wie bei anderen Fragen zu wählen?

In Abb. 3.7 ist am Beispiel einiger Items illustriert, wie auf Basis dieser Leitfragen Entscheidungen über bestimmte Formate getroffen werden können. Das Reflektieren der zentralen Argumente für und gegen ein bestimmtes Format trägt dazu bei, am Ende jeweils die für die eigenen Rahmenbedingungen bestmögliche Lösung zu finden.

Neben der Wahl des richtigen Fragenformats kommt es mit Blick auf Reliabilität und Validität eines Fragebogens entscheidend auf die Formulierung der Fragen an. Mit diesem Thema befasst sich das nächste Kapitel.

Begründung des Formats	Item
7-stufige Ratingskala: • Quasi-metrische Analyse wünschenswert • An anderen Stellen auch 7-stufige Items genutzt • Befragte können hinreichend differenzieren	Inwieweit treffen aus Ihrer Sicht folgende Merkmale auf das Design dieses Interieurs zu? Harmonisch ... gar nicht voll und ganz ○ ○ ○ ○ ○ ○ ○
Mehrfachwahl: • Wissen über generelle Bedeutung genügt, weitere Differenzierung nicht entscheidend • An vielen anderen Stellen Ratingskalen • Häufigkeitsanalyse hinreichend	Welche Funktionen sollte Ihr nächstes Fahrzeug unbedingt haben? Wählen Sie alle relevanten Punkte aus. ❏ Sitzheizung ❏ Komfort-Klimatisierung ...
Rangordnung: • Nutzung ja/nein als Mehrfachwahl zu undifferenziert (jeder nutzt wohl wenigstens ab und zu) • Noch differenziertere Angaben zu kompliziert	Wie häufig nutzen Sie folgende Systeme Ihres Fahrzeugs? Telefonie ... täglich mehrmals pro Woche mehrmals pro Monat seltener nie ○ ○ ○ ○ ○
Ranking: • Eindeutige Priorisierung erwünscht • Ordinales Skalenniveau genügt • Überschaubare Anzahl an Kriterien ermöglicht Ranking • Bringt Abwechslung	Wie wichtig sind Ihnen folgende Punkte bei einem Fahrzeug-Interieur? Bitte bringen Sie die Punkte in eine Rangreihe; der für Sie wichtigste Punkt kommt dabei auf Platz 1 usw. Sitzkomfort Pflegeleichtigkeit Attraktives Design Gute Anbindung des Smartphones Hochwertigkeit der Materialien Einsatz nachhaltiger Materialien

Abb. 3.7 Entscheidung über verschiedene Fragenformate

Empfehlungen für die Praxis

- Verwenden Sie offene Fragen äußerst sparsam, wenn sich die Fragestellung durch eine geschlossene Frage nicht sinnvoll lösen lässt.
- Versuchen Sie unterschiedliche geschlossene Fragenformate zu verwenden. Achten Sie aber darauf, dass sie sich für Ihre jeweilige Fragestellung und Analysestrategie eignen.
- Bei Ratingskalen liegt mit Blick auf Darstellbarkeit auf verschiedenen Geräten, Differenzierungsfähigkeit der Befragten und Möglichkeiten zur Datenanalyse ein Optimum bei fünf bis sieben Abstufungen.
- Am besten lesbar sind Ratingskalen mit von links nach rechts ansteigender Intensität der Antwortkategorien (z. B. von *„überhaupt nicht wichtig"* bis *„sehr wichtig"*).
- Um später Analysen auf metrischem Skalenniveau durchführen zu können, empfiehlt es sich, endpunktbenannte Skalen zu verwenden oder die verbalen Anker möglichst gleichabständig und symmetrisch zur Skalenmitte zu formulieren (*„überhaupt nicht wichtig, eher nicht wichtig, teils-teils, eher wichtig, sehr wichtig"*).
- Prüfen Sie, ob es für bestimmte Aspekte Ihres Befragungsthemas schon veröffentlichte Messinstrumente gibt, die bereits ihre Eignung bewiesen haben.

Literatur

Ajzen, I. (2001). Nature and operation of attitudes. *Annual Review of Psychology, 52*, 27–58.

Aronson, E., Wilson, T. D., & Akert, R. M. (2014). *Sozialpsychologie* (8. Aufl.). Pearson.

Borgatta, E. F., & Bohrnstedt, G. W. (1980). Level of measurement. Once over again. *Sociological Methods and Research, 9*(2), 147–160.

Bortz, J., & Schuster, C. (2010). *Statistik für Human- und Sozialwissenschaftler* (7. Aufl.). Springer.

Bruner, G. C. (2015). *Marketing scales handbook* (7. Aufl.). GCBII Productions.

Cleff, T. (2019). *Angewandte Induktive Statistik und Statistische Testverfahren: Eine computergestützte Einführung mit Excel, SPSS und Stata.* Springer Gabler.

Eid, M., & Schmidt, K. (2014). *Testtheorie und Testkonstruktion.* Hogrefe.

Foscht, T., Swoboda, B., & Schramm-Klein, H. (2017). *Käuferverhalten* (6. Aufl.). Springer Gabler.

Franzen, A. (2014). Antwortskalen in standardisierten Befragungen. In N. Baur & J. Blasius (Hrsg.), *Handbuch Methoden der empirischen Sozialforschung* (S. 701–711). Springer VS.

GESIS – Leibniz-Institut für Sozialwissenschaften Mannheim (o. J.). ZIS – Open Access Repositorium für Messinstrumente. www.gesis.org/en/zis. Zugegriffen: 27. Aug. 2021.

Hassenzahl, M., Burmester, M., & Koller, F. (2003). AttrakDiff: Ein Fragebogen zur Messung wahrgenommener hedonischer und pragmatischer Qualität. In G. Szwillus & J. Ziegler (Hrsg.), *Mensch & Computer 2003: Interaktion in Bewegung* (S. 187–196). B. G. Teubner.

Holland, J. L., & Christian, L. M. (2009). The influence of topic interest and interactive probing on responses to open-ended questions in web surveys. *Social Science Computer Review, 27*(2), 197–212.

Krosnick, J. A., Judd, C. M., & Wittenbrink, B. (2005). The measurement of attitudes. In D. Albarracin, B. T. Johnson, & M. P. Zanna (Hrsg.), *The handbook of attitudes* (S. 21–76). Lawrence Erlbaum Associates Publishers.

Likert, R. (1932). A technique for the measurement of attitudes. *Archives of Psychology, 140*, 5–53.

Mäder, R. (2005). *Messung und Steuerung von Markenpersönlichkeit – Entwicklung eines Messinstruments und Anwendung in der Werbung mit prominenten Testimonials*. Deutscher Universitätsverlag.

Mayring, P. (2010). *Qualitative Inhaltsanalyse* (11. Aufl.). Beltz.

Menold, N., & Bogner, K. (2015). Gestaltung von Ratingskalen in Fragebögen (Version 1.1). (GESIS Survey Guidelines). GESIS – Leibniz-Institut für Sozialwissenschaften. https://doi.org/10.15465/gesis-sg_015. Zugegriffen: 27. Aug. 2021.

Menold, N., Kaczmirek, L., Lenzner, T., & Neusar, A. (2014). How do respondents attend to verbal labels in rating scales? *Field Methods, 26*(1), 21–39.

Möhring, W., & Schlütz, D. (2019). *Die Befragung in der Medien- und Kommunikationswissenschaft* (3. Aufl.). Springer VS.

Osgood, C. E., Suci, G. J., & Tannenbaum, P. H. (1957). *The measurement of meaning*. University of Illinois Press.

Porst, R. (2014). *Fragebogen: Ein Arbeitsbuch* (4. Aufl.). Springer VS.

Rodrigues, D., Lopes, D., Alexopoulos, T., & Goldenberg, L. (2017). A new look at online attraction: Unilateral initial attraction and the pivotal role of perceived similarity. *Computers in Human Behavior, 74*, 16–25.

Scholl, A. (2018). *Die Befragung* (4. Aufl.). UVK.
Schmidt, P., & Opp, K. D. (1976). *Einführung in die Mehrvariablenanalyse*. VS Verlag.
Völkl, K., & Korb, C. (2018). *Deskriptive Statistik*. Springer VS.
Wirtz, M., & Nachtigall, C. (1998). *Deskriptive Statistik*. Juventa.

4

Die Formulierung von Fragen

Was Sie aus diesem Kapitel mitnehmen

- Warum die Formulierung von Fragen gerade in Onlinebefragungen eine bedeutende Rolle spielt.
- Welche kognitiven Herausforderungen die Befragten meistern müssen, bevor sie eine Antwort geben.
- Worauf Sie bei der Formulierung von Fragen achten sollten und was es zu vermeiden gilt.

Wie bei allen anderen Befragungsformen, ist es Ziel einer Onlinebefragung, die Daten möglichst fehlerfrei zu erheben und den Anforderungen an **Validität** und **Reliabilität** zu entsprechen. Verschiedene Faktoren, wie unter anderem die Merkmale der befragten Personen, können die Güte der erhobenen Daten jedoch beeinflussen (s. Kap. 2). Bei anderen Befragungsmodi stellt auch die interviewende Person, beispielsweise durch ihre soziodemografischen Merkmale oder die Art und Weise des Fragenvortrags, eine maßgebliche Einflussgröße für die Güte der erhobenen Daten dar (Bogner & Landrock, 2015, S. 5 f.). In Onlinebefragungen entfällt dieser Störfaktor dagegen nahezu vollständig (Taddicken, 2013, S. 213 f.). Umso größer wird dadurch aber die Bedeutung des Fragebogens für die Güte der erhobenen Daten: Da keine interviewende Person anwesend ist, entfallen auch Hilfestellungen bei Unklarheiten oder Missverständnissen. Durch technische und grafische Möglichkeiten bei der Programmierung einer Onlinebefragung lassen sich zwar bestimmte Fehlerquellen des Fragebogens, beispielsweise komplexe Filterführungen, bereits im Vorfeld ausschalten. Das gilt aber nicht für missverständlich formulierte Fragen. Weiterhin bedeutsam ist die Fragenformulierung im Onlinefragebogen aufgrund des wesentlich flüchtigeren Lesens am Bildschirm im Vergleich zum Lesen auf dem Papier (Theobald, 2017, S. 78 f.). Unbekannte Begriffe oder lange Sätze werden von den Befragten dabei unter Umständen nur überflogen und nicht korrekt erfasst, wodurch auch die Antworten fehlerhaft sind. Da ‚richtig' formulierte Fragen eine herausragende Bedeutung im Onlinefragebogen für die Güte der Ergebnisse haben, beschäftigt sich das vorliegende Kapitel eingehend mit den möglichen Fehlerquellen bei der Fragenformulierung.

> Die Formulierung der Fragen hat maßgeblichen Einfluss auf die Güte der erhobenen Daten. Durch das Fehlen einer interviewenden Person und ein eher oberflächliches Leseverhalten der Befragten kommt der Fragenformulierung im Onlinefragebogen eine besondere Bedeutung zu.

4.1 Psychologische Grundlagen von Fragebögen

Die Fragen sind das Herzstück eines jeden Fragebogens. Auf den ersten Blick mag ihre Formulierung trivial erscheinen, schließlich ist den Forschenden in aller Regel klar, was sie wissen möchten und das ‚Fragen' etwas ganz Alltägliches. Doch gerade im Vergleich zur Alltagssprache sind die Anforderungen an die Sorgfalt bei der Fragenformulierung für einen Fragebogen ungleich höher, denn sie hat einen direkten Einfluss auf die Güte der Antworten – und damit auch auf die Qualität der erhobenen Daten (Lenzner & Menold, 2015, S. 1). Um ein besseres Verständnis für die Bedeutung der Fragenformulierung zu entwickeln, ist es hilfreich, einen Blick auf den kognitiven Prozess zu werfen, den Befragte durchlaufen, bevor sie auf eine Frage antworten. Innerhalb dieses Prozesses können bestimmte Antwortverzerrungen entstehen, welche die Validität von Fragen einschränken.

4.1.1 Fragenbeantwortung als Informationsverarbeitungsprozess

Der Informationsverarbeitungsprozess, der nicht nur bei Onlinefragebögen, sondern auch bei anderen Formen der Befragung eine Rolle spielt, besteht aus vier aufeinander folgenden Phasen (Tourangeau et al., 2000, S. 7 f.):

1. Im ersten Schritt müssen Befragte die Frage **verstehen,** das heißt sie so interpretieren wie von den Forschenden beabsichtigt. Zudem muss über alle Befragten hinweg ein einheitliches Verständnis zustande kommen, denn nur so lassen sich Antworten untereinander vergleichen oder zusammenfassen (Möhring & Schlütz, 2019, S. 70).
2. Im nächsten Schritt müssen die Befragten sich **erinnern:** Informationen, die zur Beantwortung der Frage relevant sind, müssen aus dem Gedächtnis abgerufen werden. Wird beispielsweise nach Ereignissen oder Verhaltensweisen gefragt, die schon länger zurückliegen, fällt den Befragten der Abruf dieser Informationen häufig schwer.
3. Nachdem die Frage verstanden wurde und die Befragten relevante Informationen aus dem Gedächtnis abgerufen haben, müssen sie sich darauf basierend **ein Urteil bilden.**
4. Dieses Urteil muss schließlich im Fragebogen **zum Ausdruck gebracht** werden. In einer quantitativen Befragung müssen die Befragten ihr Urteil in der Regel mittels vorgegebener Antwortmöglichkeiten ausdrücken.

Die Konzepte des Optimizing und Satisficing (Krosnick, 1991, 1999) erklären Unterschiede im Umgang mit diesen Phasen und dienen als Erklärung für viele Phänomene, die zu verzerrten Antworten führen. **Optimizing** bezieht sich auf das Bestreben, Fragen gründlich und bestmöglich zu bearbeiten. Die einzelnen Schritte sind jedoch aufwendig und erfordern hohe Konzentration. Daher muss davon ausgegangen werden, dass Befragte dieses Optimizing-Verhalten nicht durchgängig während der Beantwortung eines Fragebogens aufrechterhalten können.

So kann es im Verlauf eines Fragebogens zu einem Strategiewechsel kommen, der **Satisficing** genannt wird. Dieser hat zur Folge, dass bei den einzelnen kognitiven Schritten weniger Energie aufgewendet wird, was die Bearbeitung erleichtert. In obigem Beispiel könnte eine befragte Person etwa folgendes vereinfachtes Urteil treffen: *„So genau weiß ich nicht, wie oft ich im Internet einkaufe. Auf jeden Fall dürfte das ziemlich selten der Fall sein. Dann wähle ich am besten die Antwortoption ganz links, das scheint ja die niedrigste Ausprägung zu sein."* Bei einem solchen Vorgehen werden die einzelnen Antwortkategorien gar nicht im Detail wahrgenommen und reflektiert. An die Stelle aufwendiger kognitiver Prozesse treten Heuristiken, einfache Faustregeln, die es ermöglichen, Entscheidungswege abzukürzen und so kognitiven Aufwand zu sparen. Dieses Satisficing-Verhalten ist in erster Linie abhängig von der Schwierigkeit der zu bewältigenden Fragen, den Fähigkeiten der Person sowie der Motivation (Krosnick, 1999, S. 548).

4.1.2 Arten von Antwortverzerrungen

Satisficing erklärt nicht alle Arten von Antwortverzerrungen, scheint aber zumindest bei vielen Phänomenen beteiligt zu sein. Abb. 4.1 gibt einen Überblick über mehrere wichtige Verzerrungen bei Fragebögen. Von einer **Antwortverzerrung** oder einem **Response Bias** spricht man, wenn die ‚wahre' Antwort auf eine Frage verzerrt wird (Möhring & Schlütz, 2019, S. 55 f.).

Gerade bei den **formalen Antwortstilen** wird davon ausgegangen, dass sie maßgeblich durch die Persönlichkeit der Befragten verursacht sind (Mummendey & Grau, 2014, S. 171). So weichen manche Personen einer klaren Positionierung aus und wählen eher mittlere Antworten, während andere im Gegensatz dazu zu extremeren Antworten neigen. Auch zeigen einige Menschen bei Fragen generell

4 Die Formulierung von Fragen

Effekte durch die Befragten	
Funktionale Antwortstile	
Zustimmungstendenz (Akquieszenz)	Tendenz, Aussagen zuzustimmen
Ausweichtendenz / Mid-Point-Response Style	Vermeidung extremer Antworten, eher „mittlere" Meinungen
Extremity Bias	Wahl extremer Antworten (z. B. starke Zustimmung)
Non-Attitudes	Tendenz, generell den Ausdruck von Meinungen zu vermeiden
Soziale Erwünschtheit	Neigung, Antworten danach auszurichten, was in Umfeld und Gesellschaft sozial anerkannt ist
Effekte durch Fragen	
Reihenfolge der Fragen	
Ausstrahlungseffekte	Fragen wirken sich auf andere Fragen aus
Konsistenz-/Kontrasteffekte	Bei verschiedenen Fragen sehr ähnliche bzw. unähnliche Antworten
Reihenfolge der Antworten	Antwortmöglichkeiten zu Beginn und am Ende einer Liste häufiger gewählt
Non-Opinions	Angaben, obwohl gar keine Meinung zu einem Thema besteht

Abb. 4.1 Arten von Antwortverzerrungen auf Basis von Bogner und Landrock (2015), Brosius et al. (2016, S. 91 ff.), Möhring & Schlütz (2019, S. 55 ff., 105 ff., 117 ff.)

eine Zustimmungstendenz. Einfach gestellte, gut verständliche Fragen und die Verwendung von positiven und negativen Formulierungen bei verschiedenen Fragen (z. B. *„Diese Webseite gefällt mir."* und zusätzlich *„Diese Webseite ist kompliziert zu bedienen."*) helfen, die Auswirkungen solcher Tendenzen zu mindern.

> Personen weisen in unterschiedlichem Ausmaß bestimmte formale Antwortstile auf. Diese sind nicht beliebig veränderbar, lassen sich durch eine angemessene Formulierung von Fragen und Antwortoptionen aber zumindest abmildern.

Das Phänomen der **sozialen Erwünschtheit** entsteht, wenn Befragte ihre Antwort an vermeintliche Erwartungen der Forschenden anpassen oder so antworten, wie sie es als gesellschaftlich erwünscht empfinden. Dieses Verhalten ist insbesondere bei sehr persönlichen und sensiblen oder bei ethisch stark umstrittenen Themenbereichen zu erwarten. Da die Befragten einen Onlinefragebogen in der Regel ohne die Anwesenheit einer interviewenden Person ausfüllen, dadurch anonym bleiben und die wahrgenommene physische Distanz zu den Forschenden relativ groß ist, fällt die Tendenz sozial erwünscht zu antworten deutlich geringer aus als bei anderen Befragungsformen (Taddicken, 2013, S. 214), kann aber auch nicht ganz ausgeschlossen werden.

Wenn bei der Fragebogenentwicklung bei bestimmten Themen der Verdacht auf soziale Erwünschtheitseffekte besteht, können beispielsweise projektive Fragetechniken eingesetzt werden. Dabei wird statt nach dem eigenen Verhalten nach dem des näheren sozialen Umfeldes gefragt – in der Annahme, dass die eigene Meinung sich auch in dieser Antwort niederschlägt, also auf die eigene Bezugsgruppe projiziert wird (Kirchmair, 2011, S. 345 ff.). Eine projektive Frage zu Flugreisen, die mit Blick auf Klima und Umwelt möglicherweise zu sozial erwünschten Antworten führen könnte, ließe sich folgendermaßen stellen: *„Was glauben Sie, wie denken Ihre Freunde über das Thema Flugreisen?"* (*„sehr positiv"* bis *„sehr negativ"*).

Soziale Erwünschtheit lässt sich auch durch explizite Hinweise zur Anonymität der Befragung sowie durch eine entsprechende Formulierung der Fragen und Antworten dämpfen (Möhring & Schlütz, 2019, S. 62). Wenn in Erfahrung gebracht werden soll, wie nachhaltig Menschen sich in verschiedenen Lebensbereichen (Ernährung, Reisen, Mobilität etc.) verhalten, sollte das Thema Nachhaltigkeit beispielsweise nicht zu transparent vermittelt werden. Anstatt also zu fragen, mit welchen Verhaltensweisen man seine

CO_2-Bilanz verbessert, könnte eine größere Reihe von Verhaltensweisen mit und ohne Bezug zu Nachhaltigkeit präsentiert werden. Wenn Befragte angeben sollen, wie häufig sie diese jeweils ausführen, kann angenommen werden, dass das sozial erwünschte Thema der Nachhaltigkeit weniger präsent ist.

> Soziale Erwünschtheit ist bei Onlinebefragungen niedriger ausgeprägt als bei anderen Formen der Befragung. Weiter reduzieren lässt sie sich durch projektive Fragen und Formulierungen, die Themen möglichst neutral behandeln.

Ein weiteres Phänomen, das sich auf die Beantwortung von Fragen auswirkt, sind **Ausstrahlungseffekte** (Brosius et al., 2016, S. 91). Bei Fragebögen können einzelne Elemente eine Wirkung auf nachfolgende Fragen haben und bestimmte Reihenfolgeeffekte erklären. Wenn in einer Frage etwa das Thema Umweltverschmutzung behandelt wird, das negativ konnotiert sein dürfte, könnte eine nachfolgende Frage zur Einschätzung der eigenen Lebenszufriedenheit negativ beeinflusst werden.

> Ausstrahlungseffekte lassen sich durch die Steuerung der Reihenfolge von Fragen oder zwischengeschaltete Pufferfragen reduzieren.

Wenn Befragte versuchen, im Rahmen einer Befragung einen kompetenten und insbesondere stimmigen Eindruck zu machen, kann es zu **Konsistenz- und Kontrasteffekten** kommen (Brosius et al., 2016, S. 92). Fragebögen enthalten meist mehrere Fragen zu einem ähnlichen Thema. Gerade komplexe Konstrukte werden vielfach in mehreren Testfragen operationalisiert, bei denen sich Befragte mitunter wundern, weshalb wiederholt eine fast gleich klingende Frage gestellt wird (z. B. zur Messung der Extraversion: *„Ich bin eher zurückhaltend, reserviert"* und *„Ich bin eher der stille Typ"*, Rammstedt & John, 2005, S. 206). Wenn der Wunsch dominiert, ein stimmiges Bild abzugeben, führt dies zu eher konsistenten Antworten, die Antworten ähnlicher Fragen werden also aneinander angeglichen. Der Effekt tritt verstärkt auf, wenn zu einem Thema keine ausgeprägte Meinung besteht.

Ein Kontrasteffekt führt im Gegensatz dazu bei inhaltlich ähnlichen Fragen zu sehr unterschiedlichen Angaben. Befragte gehen in diesem Fall davon aus, dass es einen Grund haben muss, weshalb die Fragen in dieser Form gestellt werden und reagieren mit einer stärkeren Unterscheidung ihrer Antworten darauf.

> Konsistenz- und Kontrasteffekte lassen sich wie andere Effekte bezüglich der Reihenfolge ebenfalls durch eine Durchmischung der Fragen und zwischengeschaltete Pufferfragen in den Griff bekommen.

Innerhalb von Fragen können **Reihenfolgeeffekte** unter den **Antwortmöglichkeiten** auftreten. Bei Mehrfachwahlfragen wird eine Liste mehrerer Optionen angeboten (z. B. mehrere Freizeitaktivitäten), aus denen die Befragten alle zutreffenden Punkte auswählen können. Bei schriftlichen Befragungen werden hierbei oft Primacy-Effekte beobachtet (Punkte zu Beginn werden häufiger genannt, da dort die Aufmerksamkeit noch höher ist). Recency-Effekte hingegen treten eher bei mündlichen Befragungen auf, da die zuletzt genannten Punkte bei der Antwort noch besonders präsent sind.

> Primacy- und Recency-Effekte bei Mehrfachwahl-Fragen lassen sich durch Randomisierung, also eine zufällige Anordnung der Antwortmöglichkeiten, kontrollieren.

Bei **Non-Opinions** (Möhring & Schlütz, 2019, S. 108 f.) machen Befragte Angaben zu Themen, zu denen sie letztlich keine Meinung haben, weil sie sich beispielsweise verpflichtet fühlen, Fragen zu beantworten. Solche Angaben lassen sich vermeiden, indem darauf geachtet wird, nur Fragen zu Themen zu stellen, zu denen die Befragungszielgruppe auch auskunftsfähig ist. Ob hinreichende Kenntnis zu einem Thema besteht, kann durch vorgehende Filterfragen geprüft werden. Nur wer angibt, bestimmte Marken oder Produkte zu kennen, bekommt dazu im Anschluss weitere Fragen gestellt.

> Non-Opinions sind Angaben, zu denen letztlich keine Meinung besteht. Sie können vermieden werden, indem zum Beispiel mit Filterfragen sichergestellt wird, dass Befragte sich nur zu Themen äußern sollen, bei denen sie auskunftsfähig sind.

4.2 Empfehlungen für die Fragenformulierung

Im Folgenden werden die wesentlichen Punkte für eine korrekte Fragenformulierung erläutert. Diese sind als Hilfestellung für die eigenständige Formulierung von Fragen zu verstehen und nicht als absolut gültige Regeln. Die Empfehlungen für eine zielgruppengerechte, eindeutige, einfache und wertfreie Formulierung sollen mögliche Fehler aufzeigen und für Stolperfallen sensibilisieren.

4.2.1 Zielgruppengerecht formulieren

Die Fragen in einem Fragebogen sollten stets **zielgruppengerecht formuliert** sein, das heißt, die kognitiven Fähigkeiten der Befragten, wie beispielsweise ihr Sprachverständnis oder vorhandenes Wissen, sollten bei der Formulierung berücksichtigt werden. In einer standardisierten Befragung genügen die Fragen nur dann den Anforderungen an Validität und Reliabilität, wenn sie von allen Befragten in gleicher Wiese verstanden und beantwortet werden können. Die Formulierung wird daher umso herausfordernder, je heterogener die Zielgruppe ist und je weiter entfernt sie von der Lebensrealität der Forschenden liegt (Porst, 2019, S. 832): Studierenden mag es also weniger schwerfallen, Fragen an eine Studierendenzielgruppe zu formulieren, während die Formulierung von Fragen an Berufstätige für sie eine größere Herausforderung darstellen dürfte.

Für die Zielgruppe verständliche Begriffe verwenden
Die in einer Frage verwendeten Begrifflichkeiten sollten möglichst **einfach** und **verständlich** sein, es sollten keine zu hohen Ansprüche an das Sprachverständnis gestellt werden: So sollten bei der Formulierung

von Fragen keine unbekannten, wenig geläufigen oder erklärungsbedürftigen Begriffe gewählt werden, also keine Fremdwörter, Fachbegriffe, Abkürzungen oder Akronyme (Lenzner & Menold, 2015, S. 2). Andernfalls wird ein Teil der Befragten nicht oder nur willkürlich darauf antworten.

> **Beispiel**
>
> Bei der Frage „*Gehören Sie zur Generation Y?*" ist der Begriff der „*Generation Y*" je nach Zielgruppe unverständlich. Deswegen ist es sinnvoll den Begriff zu ersetzen oder zu umschreiben, zumal er auch mehrdeutig ist, denn die Abgrenzung dieser Bevölkerungskohorte nach Geburtenjahrgängen wird nicht einheitlich vorgenommen. Stattdessen könnte beispielsweise gefragt werden: *„Sind Sie zwischen 1980 und 1995 geboren?".*
>
> Bei wenig geläufigen Begriffen, Fachbegriffen oder Fremdwörtern sollte also stets überlegt werden, ob es einfachere, aber bedeutungsgleiche Ausdrücke oder Umschreibungen gibt, um diese zu ersetzen (Lenzner & Menold, 2015, S. 2). Falls dies nicht möglich ist, sollten die Begriffe im Vorfeld der Frage unbedingt erläutert werden.
>
> Die Frage *„Was schätzen Sie: Wie wird sich die Bedeutung von KI in Ihrem Unternehmen in den nächsten fünf Jahren entwickeln?"* ist für diejenigen Befragten nicht zu beantworten, die mit dem Akronym *„KI"* für Künstliche Intelligenz nicht vertraut sind. Stattdessen empfiehlt es sich, Begriffe auszuschreiben oder aber – falls Abkürzungen oder Akronyme dennoch verwendet werden sollten – auch diese vor der Verwendung in der Fragenformulierung einzuführen.

Was unbekannt, erklärungsbedürftig oder auch ein Fachbegriff ist, entscheiden nicht die Forschenden, sondern die Befragten, welche den Ausdruck und die Frage **verstehen** müssen. So könnte beispielsweise in einer Befragung von Marketingverantwortlichen problemlos der Begriff der *Generation Y* verwendet werden, während dieser Begriff in einer Befragung der allgemeinen Bevölkerung zwingend erklärt werden müsste. Bei der Befragung von bestimmten Zielgruppen ist es unter Umständen sogar angebracht, Fachbegriffe zu verwenden und diese gerade nicht zu umschreiben (Lenzner & Menold, 2015, S. 2). In den Formulierungen sollte also das Sprachverständnis der jeweiligen Zielgruppe berücksichtigt werden. Um dies sicherzustellen, ist es sinnvoll, den Fragebogen vor der Feldphase mit Probandinnen und Probanden aus der Zielgruppe ausgiebig zu testen (s. Kap. 6). Allerdings sollte die Sprache der Zielgruppe mit Augenmaß verwendet werden und nur da, wo es sinnvoll und notwendig ist: Anzustreben ist insgesamt eine „gute hochdeutsche Umgangssprache" (Porst, 2019, S. 832). Dialekte oder die Umgangssprache einer Subkultur eignen sich für einen Fragebogen dagegen nicht (Diekmann, 2010, S. 479).

Nur nach verfügbarem Wissen fragen
Abgesehen von Fachbegriffen oder wenig geläufigen Begriffen, die der Zielgruppe unbekannt sein könnten, sollte man auch keine Fragen stellen, für die Wissen oder Informationen nötig sind, über welche die Befragten der Zielgruppe vermutlich nicht verfügen (Porst, 2014, S. 109). Sie würden sonst eine Verlegenheitsantwort geben oder gar die Antwort auslassen, was sich ebenfalls negativ auf die Güte der erhobenen Daten auswirkt. Darüber hinaus können solche Fragen für den weiteren Fragebogenverlauf demotivierend wirken oder sogar zu Abbrüchen führen (ebd.).

> **Beispiel**
> Fragt man beispielsweise Lehrer, Erzieher oder Medienverantwortliche *„Wer in Deutschland überwacht die Einhaltung des Jugendmedienschutzes?"* werden die Befragten vermutlich auf ein anderes Wissen zurückgreifen können als die allgemeine Bevölkerung. Neben den verwendeten Begriffen ist also auch beim **Inhalt einer Frage** jeweils kritisch zu prüfen, ob die Frage **zielgruppengerecht** ist: Kann die befragte Zielgruppe aufgrund des vorhandenen Wissens die Frage verstehen und hierauf eine Antwort geben?

Fragen nicht hypothetisch formulieren
Allen Empfehlungen für die ‚richtige' Formulierung von Fragen liegt das Wissen um die kognitive Leistung der Befragten zugrunde – und damit das Ziel, die Probandinnen und Probanden nicht zu überfordern. Besonders komplex für Befragte sind **hypothetische Fragen,** weil sie die Frage nicht nur verstehen, sondern sich gedanklich in eine unbekannte

Situation hineinversetzen und aus dieser Situation heraus antworten müssen (Lenzner & Menold, 2015, S. 4). Ob Probandinnen und Probanden sich durch eine hypothetische Frage überfordert fühlen, hängt unter anderem davon ab, ob sie sich mit der fiktiven Situation bereits einmal auseinandergesetzt haben und wie nah diese an ihrer eigenen Lebensrealität ist (Porst, 2014, S. 104 f.). Für hypothetische Fragen gilt also ganz ähnlich wie für Fachbegriffe: Es ist abhängig von der jeweiligen Zielgruppe, ob sie gestellt werden können oder nicht.

> **Beispiel**
>
> Die Frage *„Angenommen Sie interessieren sich für ein E-Auto: Welche der folgenden Eigenschaften wären Ihnen besonders wichtig?"* können diejenigen Befragten gut beantworten, die bereits über den Kauf eines E-Autos nachgedacht oder in der Vergangenheit ein E-Auto erworben haben. Personen, die sich noch keine Gedanken über den Kauf eines Autos – geschweige denn über den Kauf eines E-Autos – gemacht haben, weil es nicht zu ihrer aktuellen Lebensrealität passt, werden sich damit eher schwertun. In diesem Fall sollte man die Frage also nicht stellen.

Respektvoll und höflich formulieren
Die Fragen und gegebenenfalls Ausfüllanweisungen in einem Onlinefragebogen sollten zwar neutral und zurückhaltend, aber dennoch den Befragten gegenüber respektvoll und höflich formuliert sein, was sich positiv auf die Bereitschaft zur Beantwortung der Fragen auswirken kann. Auch hier sollte man sich im Vorfeld Gedanken machen, was die befragte Zielgruppe erwartet. Studierende oder auch Angehörige bestimmter Branchen bevorzugen unter Umständen eine Anrede mit *„Du"*, während andere Befragte erwarten, dass sie mit *„Sie"* angesprochen werden. Zu einer höflichen Formulierung gehört es zudem, Ausrufezeichen wohlüberlegt einzusetzen und vom Schreiben in Großbuchstaben Abstand zu nehmen, weil es im Internet häufig als aufdringlich wahrgenommen wird. Ein *„bitte"* in der Fragenformulierung oder einem Ausfüllhinweis trägt zudem zu einer freundlichen Grundtonalität bei.

> **Zielgruppengerecht formulieren**
>
> - Die gewählte Sprache sollte für die Zielgruppe verständlich sein. Unbekannte Begrifflichkeiten sollten vermieden oder erläutert werden.
> - Es sollten nur Fragen gestellt werden, welche die Befragten beantworten können, weil sie über notwendiges Wissen und entsprechende Informationen verfügen.
> - Hypothetische Fragen sollten nur dann gestellt werden, wenn die fiktive Situation nah an der Lebensrealität der Befragten liegt und es wahrscheinlich ist, dass sie sich damit bereits einmal auseinandergesetzt haben.
> - Zielgruppengerecht zu formulieren heißt auch, den bei der Zielgruppe angemessenen Ton zu treffen.

4.2.2 Eindeutig formulieren

Neben unverständlichen Begriffen sind auch schwammige oder mehrdimensionale Formulierungen Ursache für Missverständnisse und fehlerhafte Antworten. Die folgenden Empfehlungen beziehen sich daher auf eine möglichst eindeutige und eindimensionale Formulierung.

Präzise formulieren
Begriffe sollten so **eindeutig** und **konkret** gewählt werden, dass alle Befragten sie in der gleichen Weise verstehen können (Porst, 2014, S. 100). Werden Probandinnen und Probanden beispielsweise gefragt *„Wie wichtig ist Ihnen ein gesunder Lebensstil?"* kann es sein, dass die einen dabei an Sport und Bewegung denken, die anderen an das Thema Ernährung und wieder andere an eine ausgewogene Work-Life-Balance. Manchen wird die Antwort auf die Frage sicherlich auch schwerfallen, da sie sich zwar beispielsweise gesund ernähren, aber an anderer Stelle keinen gesunden Lebensstil pflegen. Weil der Begriff *„gesunder Lebensstil"* nicht ausreichend präzise ist, fehlen den Befragten wichtige Informationen zur Beantwortung der Frage. Im vorliegenden

Beispiel ist es daher angebracht, nicht nach einem gesunden Lebensstil zu fragen, sondern mehrere Teilfragen zu den einzelnen, konkreten Aspekten einer gesunden Lebensführung zu stellen.

Vor allem bei **zeitlichen Bezügen** passiert es häufig, dass Fragen unpräzise und schwammig formuliert sind (Lenzner & Menold, 2015, S. 2):

> **Beispiel**
>
> Auf die Frage *„Wie oft haben Sie in letzter Zeit Streamingdienste genutzt?"* lässt sich schwer antworten, weil der Ausdruck *„in letzter Zeit"* keinen präzisen zeitlichen Bezug liefert. Es bleibt unklar, ob er sich auf die vergangene Woche oder die letzten drei Monate bezieht. Hier sollte also konkretisiert werden: *„Wie oft haben Sie in den letzten drei Tagen Streamingdienste genutzt?"*.

Fragen mit zeitlichem Bezug sollten allerdings nicht nur präzise sein – sie sollten auch das Erinnerungsvermögen der Probandinnen und Probanden nicht überfordern. Zeiträume sollten im Hinblick auf den abgefragten Inhalt möglichst angemessen sein, sodass es den Befragten noch möglich ist, die erfragten Ereignisse nach dem Erinnern für die Antwort einfach zusammenzuzählen (Lenzner & Menold, 2015, S. 7 f.). So empfiehlt sich für Fragen nach alltäglichem Verhalten mit geringer Bedeutung, nach häufigem, aber unregelmäßigem Verhalten sowie nach regelmäßigem Verhalten ein eher kurzer Zeitraum, zum Beispiel: *„Wie häufig haben Sie in den vergangenen fünf Tagen das Auto genutzt?"* An bedeutsame, aber auch seltene und unregelmäßige Ereignisse können Befragte sich leichter erinnern, daher sollte hier ein längerer zeitlicher Rahmen gewählt werden, beispielsweise: *„Wie häufig sind Sie im vergangenen halben Jahr privat mit dem Flugzeug verreist?"* Würde man hier den Zeitraum kürzer wählen, würden unter Umständen viele Befragte mit *„keinmal"* antworten.

Eindimensional formulieren

Fragesätze enthalten manchmal unbeabsichtigt zu viele Stimuli. Auf die Frage *„Wie häufig posten Sie auf Instagram, Facebook oder Twitter?"* können Befragte schlecht antworten, weil die Frage drei Stimuli enthält (*„Instagram, Facebook oder Twitter"*) und sie unter Umständen unterschiedlich oft auf den Plattformen etwas posten. Antworten Befragte hier dennoch, so lässt sich im Nachhinein nicht mehr bestimmen, auf welchen Stimulus sie mit ihrer Antwort reagiert haben. Solche mehrdimensionalen Fragen, die mehr als einen Stimulus enthalten, lassen sich also nicht mehr auswerten. Pro Frage sollte daher **nur ein Sachverhalt** enthalten sein (Lenzner & Menold, 2015, S. 4 f.).

> **Beispiel**
>
> Für die Frage *„Wie häufig posten Sie auf Instagram, Facebook oder Twitter?"* sind verschiedene Auflösungen denkbar. So könnte die Häufigkeit für jede Social-Media-Plattform einzeln abgefragt werden (*„Wie häufig posten Sie auf den folgenden Social-Media-Plattformen?"*) oder aber gesammelt – falls die einzelnen Plattformen gar nicht interessieren: *„Wie häufig posten Sie auf Social-Media-Plattformen, wie beispielsweise Instagram, Facebook oder Twitter?"*

Eine Mehrdimensionalität liegt auch dann vor, wenn absolute Formulierungen verwendet werden, beispielsweise *„immer, niemals, alle"* oder ähnliche (Schumann, 2019, S. 62). Auf die Frage *„Nutzen Sie immer die öffentlichen Verkehrsmittel für Ihren Weg zur Arbeit?"* ist eine korrekte Antwort kaum möglich, weil der nötige Spielraum fehlt. So gibt es sicherlich Personen, welche in aller Regel die öffentlichen Verkehrsmittel für ihren Arbeitsweg nutzen. Aber auch diejenigen, die tagtäglich mit Bus und Bahn fahren, aber einmal ausnahmsweise auf ein anderes Verkehrsmittel ausgewichen sind, müssten hier strenggenommen mit *„nein"* antworten. Daher sollte bei dieser Frage besser nach Häufigkeiten gefragt werden, sodass die Befragten Abstufungen vornehmen können.

> **Eindeutig formulieren**
>
> - Um sicherzustellen, dass alle Probandinnen und Probanden eine Frage in gleicher Weise verstehen, sollten mehrdeutige Begriffe vermieden werden.
> - Zeitliche Bezüge sollten möglichst präzise sein. Um das Erinnerungsvermögen der Befragten nicht zu überfordern, sollten Zeiträume dem Inhalt der Frage angemessen gewählt werden.
> - Pro Frage sollte nur ein Sachverhalt enthalten sein, da bei mehrdimensionalen Fragen unklar ist, auf welchen Stimulus Befragte ihre Antwort beziehen.

4.2.3 Einfach formulieren

Nicht nur Fach- und Fremdwörter machen eine Formulierung komplex. Für eine einfache Fragenformulierung sollte man vor allem auf kurze Sätze achten und von (doppelten) Verneinungen absehen.

Kurze Sätze formulieren
Anders als in einem persönlichen oder telefonischen Interview, können Befragte in einem Onlinefragebogen eine Frage immer wieder lesen, wenn sie diese nicht auf Anhieb verstehen. Die Anforderungen an die Merkfähigkeit sind hier also nicht so hoch. Dennoch können auch in einem Onlinefragebogen zu lange oder komplexe Fragesätze die Befragten überfordern, weil sie für das Verständnis mühsam zerlegt werden müssen. Zudem wirkt eine Textwüste aus zu langen Fragesätzen rein optisch schon ermüdend und demotivierend! Problematisch sind beispielsweise Schachtelsätze, Passiv- oder Infinitivkonstruktionen sowie substantivische Formulierungen oder Fragesätze, die für die Beantwortung irrelevante Informationen enthalten. Darüber hinaus enthalten lange Fragesätzen häufig für die Beantwortung irrelevante Informationen (Porst, 2014, S. 103). Fragesätze sollten also ausreichend kurz sein. Was den Befragten dabei an Komplexität und Länge

jeweils zugemutet werden kann, hängt auch hier von der Zielgruppe ab (s. Abschn. 4.2.1). Aber selbst wenn man davon ausgeht, dass eine Zielgruppe grundsätzlich in der Lage ist, komplexe Satzkonstruktionen zu erfassen, sollte man stets kritisch hinterfragen, ob ein Satz sich nicht doch einfacher formulieren lässt und ob überflüssige Informationen oder unnötige Füllwörter enthalten sind.

> **Beispiel**
> Die folgende Beispielfrage ist zwar nicht allzu umfangreich – aber sie enthält neben einem eingeschobenen Relativsatz eine Formulierung im Passiv, eine Substantivierung sowie eine Infinitivkonstruktion mit ‚zu', welche allesamt das Verständnis erschweren können: *„Was kann von den Unternehmen, die im Internet Werbung schalten, getan werden, um Sie zum Ausschalten Ihres Adblockers zu animieren?"* Die Frage ließe sich auch einfacher formulieren: *„Was können online werbetreibende Unternehmen tun, damit Sie Ihren Adblocker ausschalten?"*

Zum ‚einfachen' Formulieren gehört es auch, komplexe Inhalte wenn nötig in mehrere Einzelfragen aufzuteilen, um den Befragten eine Erinnerungsstütze zu bieten (Lenzner & Menold, 2015, S. 8). Statt beispielsweise zu fragen *„Wie häufig nutzen Sie Social Media?"* kann nach der Nutzung der verschiedenen Kanäle gefragt werden: *„Wie häufig nutzen Sie die folgenden Social-Media-Kanäle?"* (*„Instagram, Facebook, Snapchat, Twitter"* etc.).

Ohne Verneinungen formulieren
Zu den Formulierungen, die den Befragten das Antworten erschweren, zählen auch (doppelte) Verneinungen (Lenzner & Menold, 2015, S. 5). Die kognitive Leistung, die Befragte hier für die Antwort erbringen müssen, nimmt durch die Verneinung zu, weil sie die negative Aussage erst in eine positive übersetzen müssen, bevor sie ihr Urteil über Zustimmung oder Ablehnung fällen können.

> **Beispiel**
>
> *„Inwieweit stimmen Sie folgender Aussage zu? Produktplatzierungen in Social Media stören mich nicht."* Viele Befragte sind hier verwirrt, weil sie nicht wissen, mit welcher Antwort (*„stimme zu"* versus *„stimme nicht zu"*) sie ihre Zustimmung oder Ablehnung zu diesem negativ formulierten Item zum Ausdruck bringen sollen (Porst, 2014, S. 107).
> Noch verwirrender wird die Antwort für die Probandinnen und Probanden auf eine Frage mit einer doppelten Verneinung, wie beispielsweise *„Inwieweit stimmen Sie folgender Aussage zu? Mir fehlt nichts, wenn ich mein Smartphone einen Tag lang nicht nutze."* Daher empfiehlt es sich, in Fragebögen grundsätzlich auf Verneinungen zu verzichten. Alternative Formulierungen für die hier aufgeführten Fragen könnten beispielsweise lauten: *„Produktplatzierungen in Social Media stören mich."* und *„Mir fehlt etwas, wenn ich einen Tag lang auf mein Smartphone verzichte."*

Die Anforderung an eine eindeutige (s. Abschn. 4.2.2), aber gleichzeitig einfache Formulierung ist häufig eine Gratwanderung (Porst, 2014, S. 103), die nicht unterschätzt werden sollte. Die Frage *„Wie hoch ist Ihr monatliches Einkommen?"* ist zwar einfach formuliert, aber nicht hinreichend eindeutig, denn welches Einkommen genau ist hier gemeint? Besser wäre es also zu präzisieren: *„Wie hoch ist Ihr monatliches Nettoeinkommen? Gemeint ist das Einkommen aus Erwerbstätigkeit nach Abzug von Steuern und Sozialversicherungsbeiträgen."* Diese Frage ist zwar länger und weniger einfach, dafür wird den Befragten verdeutlicht, welches Einkommen hier erfragt wird. Für eine einfache, aber gleichzeitig auch eindeutige Formulierung von Fragen sollte also gelten: So einfach wie möglich, aber so präzise wie nötig – selbst wenn die Frage dadurch wieder an Länge oder Komplexität gewinnt.

> **Einfach formulieren**
>
> - Sätze sollten möglichst kurz formuliert, Füllwörter und überflüssige Informationen vermieden werden. Lange und komplexe Satzkonstruktionen erschweren das Verständnis und können ermüdend oder demotivierend auf Befragte wirken.

- Um das Erinnerungsvermögen der Befragten nicht zu überfordern, sollten komplexe Inhalte besser auf einzelne Teilfragen heruntergebrochen werden.
- Auf (doppelte) Verneinungen sollte in Fragesätzen verzichtet werden.
- Zwischen einer einfachen, aber eindeutigen Formulierung liegt ein Zielkonflikt vor: Die Fragen in einem Fragebogen sollten daher so einfach wie möglich und so präzise wie nötig formuliert werden.

4.2.4 Wertfrei formulieren

Die Fragen in einem Fragebogen sollten **wertfrei** formuliert sein, das heißt, dass den Befragten durch die Formulierung nicht die eine oder andere Antwortrichtung nahegelegt werden darf. Deswegen ist Vorsicht geboten bei suggestiven Fragen, stark wertbesetzten Begriffen und Stereotypen sowie bei Unterstellungen.

Auf suggestive Formulierungen verzichten
Suggestive Fragen, die den Probandinnen und Probanden bestimmte Antworten nahelegen, sollten in Fragebögen vermieden werden (Porst, 2014, S. 108). *„Viele Menschen halten die öffentlich-rechtlichen Rundfunkanstalten für eine seriöse Nachrichtenquelle. Inwiefern stimmen Sie dieser Aussage zu?"* Es wird Befragte geben, die sich bei dieser Frage nicht trauen, ihre Nichtzustimmung zu äußern und sich damit gegen die *„vielen Menschen"* zu stellen. Andere wiederum werden sich durch die Formulierung provoziert fühlen und ganz bewusst entgegen der Mehrheitsmeinung antworten (ebd.). Beiden Reaktionen gemein ist, dass die Befragten ihre tatsächliche Meinung nicht äußern und die Antworten damit verzerrt und nicht mehr sinnvoll auszuwerten sind. Zwar ist – ähnlich wie beim Effekt der sozialen Erwünschtheit – naheliegend, dass in Onlinefragebögen die Tendenz auf Suggestivfragen mehrheitskonform zu antworten nicht so ausgeprägt ist wie in anderen Befragungsformen. Dennoch sollte auch in Onlinefragebögen auf eine neutrale Fragenformulierung ohne suggestive Fragen geachtet werden.

Suggestiv sind auch dichotome Fragen, die nur eine Antwortalternative im Fragentext explizit ausformulieren (Lenzner & Menold, 2015, S. 6).

> **Beispiel**
>
> *„Was denken Sie: Sind Adblocker eine gute Einrichtung?"* Auf diese Frage werden Probandinnen und Probanden eher zustimmend antworten, weil ihnen in der Formulierung die bejahende Antwortalternative bereits nahegelegt wird. Um hier neutral zu formulieren, sollten im Fragetext beide Antwortalternativen berücksichtigt werden: *„Was denken Sie: Sind Adblocker eine gute oder schlechte Einrichtung?"*.

Ganz ähnlich verhält es sich mit **stark wertbesetzten Begriffen und Stereotypen,** wie beispielsweise *„Selbstbestimmung, Ausbeutung* oder *Bürokratie",* welche die Antwort unabhängig vom Inhalt einer Frage in die positive oder negative Richtung lenken können (Diekmann, 2010, S. 481; Schumann, 2019, S. 66). Für eine neutrale Formulierung sollte man auf solche stark positiv oder negativ besetzten Begriffe verzichten, sofern es die Fragestellung der Untersuchung erlaubt.

Ohne Unterstellungen formulieren

Neben suggestiven Fragen und stark wertbesetzten Begriffen sind Unterstellungen problematisch, das heißt im Fragetext wird neben der eigentlichen Frage eine Behauptung formuliert. Befragte, welche die Behauptung nicht teilen, können auf die Frage nicht sinnvoll antworten, weil sie nicht zeitgleich Zustimmung und Ablehnung zu einer Frage äußern können (Porst, 2014, S. 107 f.).

> **Beispiel**
>
> *„Inwiefern stimmen Sie der folgenden Aussage zu? Man sollte sein Essen nicht bei Lieferdiensten bestellen, weil die Kuriere unter den harten Arbeitsbedingungen leiden."* Wer zwar der Meinung ist, dass man sein Essen nicht bei Lieferdiensten bestellen sollte (sondern beispielsweise selbst kochen sollte), aber die Unterstellung nicht teilt, dass die Kuriere unter den harten Arbeitsbedingungen leiden, der kann auf diese Frage nicht korrekt antworten, weil er nicht zeitgleich Zustimmung und Ablehnung äußern kann.

Unterstellungen passieren auch, wenn im Fragebogen bestimmte Annahmen über die Befragten getroffen werden, statt diese im Vorfeld abzufragen (Lenzner & Menold, 2015, S. 6). Wenn man fragt „*Ziehen Sie im kommenden Jahr einen Stellenwechsel für sich in Betracht?*" so adressiert man nur die abhängig Beschäftigten, alle anderen können an dieser Stelle nicht sinngemäß antworten. Solche Konstellationen lassen sich gerade in Onlinebefragungen durch die umfangreichen Möglichkeiten für Filterführungen vermeiden, ohne dass die Befragung dadurch an Komplexität für die Probandinnen und Probanden gewinnt (Taddicken, 2013, S. 214).

> **Wertfrei formulieren**
>
> - Suggestive Formulierungen, stark wertbesetzte Begriffe und Stereotype beeinflussen die Befragten, weil sie bestimmte Antwortalternativen nahelegen, und sollten daher vermieden werden.
> - Mit Unterstellungen werden Behauptungen aufgestellt oder Annahmen getroffen, welche die Befragten gegebenenfalls nicht teilen oder die möglicherweise nicht auf sie zutreffen. Die Fragesätze sollten daher frei von Unterstellungen sein.

4.2.5 Antwortkategorien formulieren

Kap. 3 beschäftigt sich bereits mit verschiedenen Itemformaten, daher werden Antwortkategorien hier vor allem im Hinblick auf das Zusammenspiel mit der Fragenformulierung beleuchtet. Antwortkategorien sollten **vollständig** und **überschneidungsfrei** sein. Häufig passiert es bei der Formulierung, dass die Kategorien gerade durch den Versuch alle denkbaren Antworten vollständig abzudecken, nicht mehr trennscharf sind. Wenn beispielsweise für die Frage „*Wie hoch ist ihr monatliches Nettoeinkommen?*" folgende Antwortoptionen zur Verfügung stehen „*bis 1.000 Euro, 1.000 bis 2.000 Euro, 2.000 bis 3.000 Euro, 3.000 Euro und mehr*", so sind die vorgegebenen Antwortkategorien zwar vollständig, da Befragte aller denkbaren Einkommensbereiche hier antworten können. Allerdings sind die Antwortkategorien nicht überschneidungsfrei, denn auf Befragte mit einem Nettoeinkommen von 1.000 EUR, 2.000 EUR und 3.000 EUR treffen jeweils zwei verschiedene Antwortoptionen zu. Vollständig und überschneidungsfrei sind dagegen die folgenden Antwortoptionen: *„bis 1.000 Euro, über 1.000 bis 2.000 Euro, über 2.000 bis 3.000 Euro, über 3.000 Euro".*

Weiterhin ist es im Zusammenspiel zwischen Frage und Antwort bedeutsam, dass die gewählten Antwortkategorien **zur Formulierung der Frage passen** und dass sie sich nicht widersprechen (Lenzner & Menold, 2015, S. 9 f.).

> **Beispiel**
>
> So kann beispielsweise bei folgender Frage *„Wie wichtig ist Ihnen eine nachhaltige Verpackung bei Lebensmitteln?"* nicht mit den Items *„stimme voll und ganz zu, stimme eher zu, teils – teils, stimme eher nicht zu, stimme überhaupt nicht zu"* geantwortet werden. Besser wäre es, in der Fragenformulierung bereits die Formulierung der Antwortkategorien aufzugreifen: *„Wie sehr stimmen Sie der folgenden Aussage zu? Eine nachhaltige Verpackung bei Lebensmitteln ist mir wichtig."* Eine Antwort auf diese Frage können die Probandinnen und Probanden problemlos mit den genannten Kategorien *„stimme voll und ganz zu, stimme eher zu, teils – teils, stimme eher nicht zu, stimme überhaupt nicht zu"* geben.
>
> Zur Frage *„Nutzen Sie Social-Media-Kanäle zur Information über ein Produkt?"* passen die Antwortkategorien einer Häufigkeitsskala *„sehr oft, oft, manchmal, selten, nie"* erst einmal nicht. Will man, dass Befragte hier die Häufigkeit angeben, sollte die Frage besser wie folgt formuliert werden, sodass Fragenformulierung und Antwortoptionen zusammenpassen: *„Wie oft nutzen Sie Social-Media-Kanäle zur Information über ein Produkt?"*

Abgesehen davon, dass Antwortkategorien vollständig und überschneidungsfrei sein und zur Formulierung der Frage passen sollen, gelten die Empfehlungen für die Fragenformulierung gleichermaßen auch für die Formulierung von Antwortoptionen. So sollten auch hier keine Fachbegriffe Verwendung finden, die von der Zielgruppe möglicherweise nicht verstanden werden, und auf komplexe Schachtelsätze, doppelte Stimuli oder Unterstellungen sollte man besser verzichten. Ein Überblick über darüberhinausgehende Anforderungen an die

Konstruktion von Antwortskalen, zum Beispiel im Hinblick auf die Anzahl, Beschriftung oder Anordnung von Antwortkategorien, findet sich unter anderem bei Franzen (2019).

> **Antwortkategorien formulieren**
>
> - Was für die Formulierung von Fragen gilt, ist auch für Antwortoptionen relevant: sie sollten zielgruppengerecht, eindeutig, einfach und wertfrei formuliert werden.
> - Antwortoptionen sollten zudem vollständig und überschneidungsfrei sein.
> - Fragen und Antworten dürfen sich nicht widersprechen. Die Antwortkategorien müssen zur Fragenformulierung passen.

4.3 Fazit

Abb. 4.2 zeigt abschließend das hier beschriebene **Frage-Antwort-Setting** in einer **Onlinebefragung**. Da in einer Onlinebefragung keine interviewende Person vorhanden ist, interagieren Befragte allein mit dem Fragebogen. Den Befragten werden die Fragen und Antwortvorgaben angezeigt. Bevor sie darauf eine Antwort geben können,

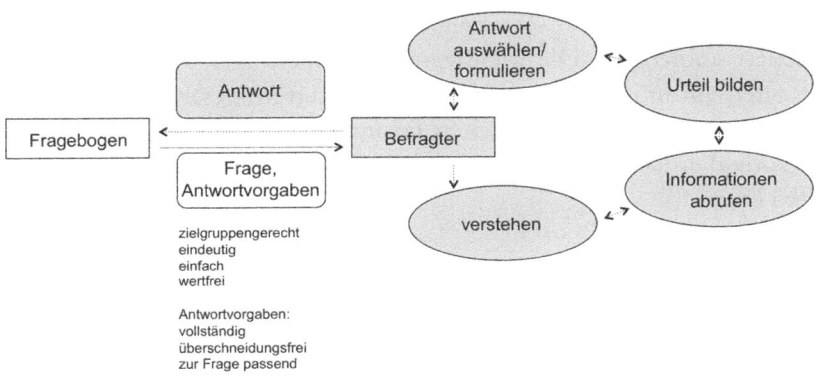

Abb. 4.2 Frage-Antwort-Setting in der Onlinebefragung

durchlaufen sie im optimalen Fall einen kognitiven Prozess aus Verstehen, Erinnern, Urteilsbildung und Formulierung oder Auswahl der Antwort aus den vorhandenen Möglichkeiten. Ob und wie gut ihnen dieser Prozess gelingt, hängt unter anderem davon ab, ob Fragen und Antwortkategorien zielgruppengerecht, eindeutig, einfach und wertfrei formuliert sind, ob die Antwortvorgaben vollständig und überschneidungsfrei sind und zur Fragenformulierung passen. Die einzelnen Schritte sind in sich nicht abgeschlossen – so können Befragte beispielsweise nochmals über ihr Urteil nachdenken, während sie eine Antwort formulieren oder auswählen und diese dann entsprechend an das geänderte Urteil anpassen (Tourangeau et al., 2000, S. 15). Wie beschrieben folgt zudem aus ganz unterschiedlichen Gründen auf eine Frage nicht immer zwangsläufig auch eine Antwort, zum Beispiel dann, wenn Befragte nicht über das nötige Wissen verfügen und sich kein Urteil bilden können oder aber wenn sie nicht antworten wollen, weil ihnen eine Frage zu privat erscheint.

Ziel der ‚richtigen' Formulierung von Fragen und Antwortoptionen (s. Abschn. 4.2) ist es, den Befragten keinen Interpretationsspielraum zu geben. Sobald die Probandinnen und Probanden eine Frage unterschiedlich auslegen, können die Antworten in einer standardisierten Befragung nicht mehr zusammengefasst oder miteinander verglichen werden. Im schlechtesten Fall führt eine unverständliche Formulierung dazu, dass Befragte mit einer Antwort überfordert sind, willkürlich und nicht der Wahrheit entsprechend antworten oder gar die Befragung frustriert abbrechen. Die ‚richtigen' Formulierungen ermöglichen den Befragten ein möglichst müheloses Antworten im gesamten Verlauf des Onlinefragebogens. Bei fraglichen Formulierungen ist es hilfreich diese im Vorfeld mit Probandinnen und Probanden aus der Zielgruppe zu testen (Kap. 6).

> **Empfehlungen für die Praxis**
>
> - Machen Sie sich bei der Formulierung von Fragen für Ihre Onlinebefragung stets bewusst, dass die Beantwortung für Ihre Probandinnen und Probanden herausfordernd ist. Überlegen Sie, wie Sie Fragen und Antwortoptionen so formulieren können, dass die Befragten diese Herausforderung möglichst gut meistern können.
> - Bedenken Sie: Wie Sie die Fragen und Antwortoptionen für Ihre Onlinebefragung formulieren, hat einen direkten Einfluss auf die Qualität Ihrer erhobenen Daten. Um fehlerhafte Antworten auszuschließen, müssen alle Befragten die Fragen und Antwortoptionen in gleicher Weise verstehen.
> - Bei einer Onlinebefragung sind keine klärenden Rückfragen möglich. Schließen Sie Missverständnisse durch eine eindeutige Fragenformulierung oder entsprechende Hinweistexte bereits im Vorfeld aus.
> - Vermeiden Sie demotivierte Befragte, fehlerhafte Antworten, Antwortausfälle sowie Fragebogenabbrüche, indem Sie zielgruppengerecht, eindeutig, einfach und wertfrei formulieren und den Probandinnen und Probanden vollständige und überschneidungsfreie sowie zur Frage passende Antwortoptionen zur Verfügung stellen.

Literatur

Bogner, K., & Landrock, U. (2015). Antworttendenzen in standardisierten Umfragen. Mannheim, GESIS – Leibniz Institut für Sozialwissenschaften (SDM Survey Guidelines). https://doi.org/10.15465/sdm-sg_0. Zugegriffen: 30. Aug. 2021.

Brosius, H.-B., Haas, A., & Koschel, F. (2016). *Methoden der empirischen Kommunikationsforschung* (7. Aufl.). Springer VS.

Diekmann, A. (2010). *Empirische Sozialforschung* (4. Aufl.). Rowohlt.

Franzen, A. (2019). Antwortskalen in standardisierten Befragungen. In N. Baur & J. Blasius (Hrsg.), *Handbuch Methoden der empirischen Sozialforschung* (2. Aufl., S. 843–854). Springer VS.

Kirchmair, R. (2011). Indirekte psychologische Methoden. In G. Naderer & E. Balzer (Hrsg.), *Qualitative Marktforschung in Theorie und Praxis* (2. Aufl., S. 345–366). Gabler.

Krosnick, J. A. (1991). Response strategies for coping with the cognitive demands of attitude measures in surveys. *Applied Cognitive Psychology, 5,* 213–236.

Krosnick, J. A. (1999). Survey research. *Annual Review of Psychology, 50*, 537–567.

Lenzner, T., & Menold, N. (2015). Frageformulierung. Mannheim: GESIS – Leibniz-Institut für Sozialwissenschaften (SDM Survey Guidelines). https://doi.org/10.15465/sdm-sg_017. Zugegriffen: 30. Aug. 2021.

Möhring, W., & Schlütz, D. (2019). *Die Befragung in der Medien- und Kommunikationswissenschaft* (3. Aufl.). Springer VS.

Mummendey, H. D., & Grau, I. (2014). *Die Fragebogen-Methode* (4. Aufl.). Hogrefe.

Porst, R. (2014). *Fragebogen: Ein Arbeitsbuch* (4. Aufl.). Springer VS.

Porst, R. (2019). Frageformulierung. In N. Baur & J. Blasius (Hrsg.), *Handbuch Methoden der empirischen Sozialforschung* (2. Aufl., S. 829–842). Springer VS.

Rammstedt, B., & John, O. P. (2005). Kurzversion des Big Five Inventory (BFI-K): Entwicklung und Validierung eines ökonomischen Inventars zur Erfassung der fünf Faktoren der Persönlichkeit. *Diagnostica, 51*(4), 195–206.

Schumann, S. (2019). *Repräsentative Umfrage – Praxisorientierte Einführung in empirische Methoden und statistische Analyseverfahren* (7. Aufl.). De Gruyter.

Taddicken, M. (2013). Online-Befragung. In W. Möhring & D. Schlütz (Hrsg.), *Handbuch standardisierte Erhebungsverfahren in der Kommunikationswissenschaft* (S. 201–217). Springer VS.

Theobald, A. (2017). *Praxis Online-Marktforschung*. Springer Gabler.

Tourangeau, R., Rips, L. J., & Rasinski, K. (2000). *The psychology of survey response*. Cambridge University Press.

5

Fragebogendramaturgie

> **Was Sie aus diesem Kapitel mitnehmen**
>
> - Welche Teile ein guter Fragebogen umfasst und wie diese angeordnet sind.
> - Worauf es innerhalb der einzelnen Teile ankommt.
> - Wie gerade zu Beginn Motivation und Vertrauen bei den Befragten aufgebaut werden können.

Auch beim Fragebogen gilt ein Grundsatz aus der Gestaltpsychologie: Das Ganze ist mehr als die Summe seiner Teile. Nachdem für die Zielsetzung der Befragung passende Fragenformate ausgewählt und die Fragen sorgfältig unter Beachtung gängiger Regeln formuliert wurden, muss noch auf die Dramaturgie eines Fragebogens geachtet werden. Sie ist Gegenstand dieses Kapitels. Unter Dramaturgie versteht man bei einem Fragebogen die Anordnung der Fragen (Möhring & Schlütz, 2019, S. 109). Eine gute Fragebogendramaturgie führt dazu, dass Befragte gerne, aufmerksam und bis zum Ende der Befragung mitmachen, sich nicht überfordert fühlen und keine unerwünschten Reihenfolgeeffekte bei Fragen auftreten (Dillmann et al., 2014, S. 229 f.; Hollenberg, 2016, S. 21).

5.1 Aufbau eines Fragebogens

Ein Fragebogen kann als eine Form von Kommunikation zwischen zunächst unbekannten Gesprächspartnern betrachtet werden, wobei wie bei einem Interview die Rollen asymmetrisch verteilt sind. Nur durch den Fragebogen in Erscheinung tretende Forschende möchten möglichst verlässliche Antworten auf teilweise persönliche oder komplexe Fragen erhalten, ohne selbst eigene Sichtweisen preiszugeben. Auf diese besonderen Rahmenbedingungen, die sich deutlich von alltäglichen zwischenmenschlichen Gesprächen unterscheiden, muss bei der Komposition des Fragebogens Rücksicht genommen werden. Daraus ergeben sich spezifische Anforderungen für seine einzelnen Teile. Während zu Beginn insbesondere Interesse geweckt, über die Befragungsinhalte informiert und ein freundlicher Kontakt aufgebaut werden sollte, geht es in späteren Phasen darum, auf möglichst interessante, abwechslungsreiche und nicht überfordernde Art und Weise die zentralen Fragestellungen zu thematisieren, bevor die Befragung mit abschließenden Fragen und einem Dank für die Teilnahme ausklingt. Tab. 5.1 zeigt die einzelnen Phasen einer Online-

Tab. 5.1 Phasen einer Onlinebefragung

Phase	Aufgaben	Inhalte
Startseite	Aufmerksamkeit schaffen Interesse wecken Kontakt herstellen Informieren	Einführung ins Thema Infos zu Rahmenbedingungen Einwilligung zur Teilnahme
Beginn	Leichten Einstieg ermöglichen Interesse vertiefen Spontane Meinungen einholen	Leichte Fragen Interessante Fragen Fragen, die durch andere Fragen beeinflusst werden könnten
Hauptteil	Beantwortung der Forschungsfragen Motivation aufrechterhalten	Itembatterien
Ausklang	Klärung letzter offener Punkte Wertschätzenden Abschluss finden	Heikle Fragen Daten zur Person Dank und Verabschiedung Incentivierung Möglichkeit zum Feedback Debriefing

Angelehnt an Möhring & Schlütz (2019, S. 112).

befragung mit ihren typischen Aufgaben und Inhalten, die in den nächsten Abschnitten genauer betrachtet werden.

5.2 Startseite

Der erste Kontakt mit einer Onlinebefragung findet gewöhnlich über einen Befragungslink statt, der per Mail oder über Social-Media-Kanäle verbreitet wird. Meist wird dort bereits kurz über das Thema informiert, für das auf der Startseite der Befragung weiter Interesse geweckt werden soll (s. Kap. 6). Ein Befragungsaufruf steht regelmäßig in Konkurrenz zu vielen anderen Nachrichten und Aufgaben der Adressaten – und nicht selten landen Befragungsaufrufe ungelesen im Postfach für gelöschte Nachrichten oder werden ignoriert. In dieser Phase und auf der Startseite des Fragebogens muss es einer Befragung gelingen, Aufmerksamkeit und Interesse zu erzeugen, prägnant über den Inhalt der Befragung zu informieren und gute Gründe zur Teilnahme zu liefern (Theobald, 2017, S. 39). Während bei Entwicklung und Durchführung einer Befragung meist das eigene Forschungsinteresse im Vordergrund steht, müssen hier klassische Aufgaben von Marketing und Werbung bewältigt werden.

Eine ansprechend und sorgfältig gestaltete Startseite mit allen wichtigen Informationen kann bei den Befragten für Vertrauen sorgen und zur Teilnahme motivieren. Grundsätzlich sollten die Inhalte von Startseite und Befragungseinladung aufeinander abgestimmt sein und sich nicht unverändert wiederholen. Häufig werden aber auch mehrere Rekrutierungswege genutzt. Gerade für solche Fälle, in denen die Teilnehmerinnen und Teilnehmer über verschiedene Wege und mit einem unterschiedlichen Wissensstand zur Startseite der Befragung gelangen, ist es unerlässlich, dass diese alle wesentlichen Informationen zur Onlinebefragung enthält. Eine zumindest leichte Redundanz zum Text der Befragungseinladung bietet sich allein schon deswegen an, weil oft direkt der Befragungslink angeklickt wird, ohne zwingend den vorherigen Text im Detail gelesen zu haben.

Ist dagegen sichergestellt, dass die Befragten ausschließlich über ein Anschreiben zur Teilnahme eingeladen werden, ist es empfehlenswert, die Inhalte zwischen Anschreiben und Startseite sinnvoll aufzuteilen und alle zentralen Informationen zur Befragung bereits im Anschreiben zu platzieren, weil dieses dann die eigentliche Hürde zur Teilnahme an der Onlinebefragung darstellt (Theobald, 2017, S. 37). In diesem Fall können auf der Startseite stattdessen weitere Hinweise zum Befragungsablauf eingebunden werden.

Die Startseite sollte möglichst knapp und anschaulich in einfachen Sätzen und freundlicher Sprache formuliert sein. Das beginnt bereits mit der passenden Anrede und Begrüßung der Angesprochenen. Ob hier ein *„Du"* oder aber ein formelles *„Sie"* angebracht ist, hängt maßgeblich von der Zielgruppe und der Beziehung zwischen den Durchführenden und den Befragten ab (Theobald, 2017, S. 38). Die gewählte Anrede sollte allerdings in der gesamten Befragung konsequent beibehalten werden. Eine Begrüßung mit *„Hallo", „Guten Tag", „Liebe/r"* oder aber *„Sehr geehrte/r"* eignet sich ebenso wie die neutrale und zurückhaltende, aber dennoch freundliche und einladende Begrüßung *„Herzlich willkommen"*.

Trotz aller Knappheit muss die Startseite zentrale Informationen transportieren – insbesondere zur Anonymität der Teilnahme sowie zu weiteren datenschutzrechtlichen Informationen. Die Einführung der Datenschutzgrundverordnung im Jahr 2018 hat dazu geführt, dass die Informationen zum Datenschutz im Rahmen von Onlinebefragungen umfangreicher geworden sind. Um die Startseite nicht zu überfrachten, werden Datenschutzinformationen daher oft auf der Startseite verlinkt. Eine Alternative besteht darin, die Datenschutzinformationen auf der zweiten Seite zu platzieren, was ihnen noch mehr Gewicht gibt. Einige Onlinebefragungstools bieten Unterstützung bei der Erstellung DSGVO-konformer Befragungen sowie bei der Formulierung von Datenschutzhinweisen und Einwilligungserklärungen. Darüber hinaus finden sich auch bei Branchenverbänden entsprechende Richtlinien zu Onlinebefragungen (ADM et al., 2021). Insgesamt ist es allerdings ratsam, mit den Hinweisen zu den Themen Datenschutz, Vertraulichkeit und Anonymität so maßvoll wie möglich umzugehen, da unnötig umfangreiche Erläuterungen auch abschreckend wirken können (Theobald, 2017, S. 43).

Bevor der Frageteil beginnt, ist es erforderlich, einen Informed Consent einzuholen, also ein Einverständnis zur Befragung auf Basis einer umfassenden Information zu Studie und Umgang mit den Daten. Dies setzt voraus, dass zunächst Startseite und Informationen zum Datenschutz gelesen werden sollten. Eine Einwilligung zur Teilnahme an der Befragung kann ganz explizit erfolgen, indem auf der Seite vor dem Beginn der Fragen eine Checkbox eingebunden wird, die markiert werden soll (*„Bitte markieren Sie dieses Feld, wenn Sie mit einer Teilnahme unter diesen Bedingungen einverstanden sind."*) Ein Verzicht auf ein solches Feld ist zulässig, wenn aus der Formulierung auf der Startseite eindeutig hervorgeht, dass die Betätigung eines ‚Weiter'-Buttons ein Akzeptieren der datenschutzrechtlichen Bedingungen bedeutet.

Tab. 5.2 stellt zentrale Elemente einer Startseite zusammen, wobei nach besonders wichtigen und eher optionalen Aspekten unterschieden wird, die zum Teil auch nicht bei allen Studien relevant sind (ähnliche Übersichten z. B. bei Möhring & Schlütz, 2019, S. 45 ff., 113 f.; Theobald, 2017, S. 44).

Zu den optionalen Elementen, die eine Startseite auflockern und einladender machen können, gehören Bilder. So kann ein zu Unternehmen oder Thema passendes Bild bereits auf der Startseite Interesse wecken. Viele Befragungstools erlauben kleine Bilder in einer Kopfzeile, was den Fragebogen auch im weiteren Verlauf optisch auflockert. Zahlreiche Onlinebefragungen enthalten auf der Startseite Empfehlungen zum

Tab. 5.2 Elemente einer Startseite

Wichtig	Optional
Anrede (z. B. *„Liebe Teilnehmerin, lieber Teilnehmer"*)	Stimmungsbild oder Logo
	Bitte um Unterstützung
Thema und Ziel (verständlich und motivierend)	Information zu Incentivierung
	Hinweise zur adressierten Zielgruppe
Absender/Verantwortliche	Hinweise zum Antwortverhalten
Möglichkeit der Kontaktaufnahme	Spezifische Hinweise zu Ablauf oder Besonderheiten der Befragung
Dauer	
Freiwilligkeit	
Datenschutzhinweise (Anonymität etc.)	
Informed Consent	

Antwortverhalten, etwa zum spontanen Antworten, oder Hinweise, dass es keine richtigen oder falschen Antworten gibt. Dies kann dazu beitragen, Teilnehmer kognitiv zu entlasten und ein zügiges Beantworten zu fördern, lässt sich aber durch einen entsprechenden Hinweis nicht beliebig gut kontrollieren. Allerdings kostet es zusätzlichen Text auf der Startseite, was das Risiko erhöht, dass letztlich nicht alles gelesen oder unter Umständen gar nicht mit der Befragung begonnen wird, wenn bereits die Startseite wie ein umfangreicher Beipackzettel wirkt.

Deshalb empfiehlt es sich, bei allen Informationen auf der Startseite gründlich den erwarteten Nutzen gegen die Kosten, in erster Linie die Gefahr von Befragungsabbrüchen aufgrund von Überforderung durch überlange Texte, abzuwägen. Wenn tatsächlich in bestimmten Teilen des Fragebogens spontane Antworten besonders wichtig sind, bietet es sich eher an, entsprechende Hinweise direkt bei der Einleitung der betreffenden Fragen einzubetten. Von Hinweisen wie *„Bitte beantworten Sie alle Fragen offen und ehrlich."* ist eher abzuraten. Sie transportieren letztlich Misstrauen den Befragten gegenüber, was wenig motivierend und unfreundlich wirkt. Ebenso ist es unwahrscheinlich, dass sich die Qualität der Antworten durch solche Hinweise steuern lässt. Die Qualität der Daten lässt sich am besten über gut formulierte und an die Zielgruppe angepasste Fragebogenitems steuern.

Wenn die Teilnahme an einer Befragung an bestimmte Voraussetzungen geknüpft ist (z. B. Erfahrung mit bestimmten Produkten oder ein bestimmtes Alter oder Beschäftigungsverhältnis), sollte dies möglichst früh, also direkt bei der Einladung zur Befragung oder auf der Startseite, erwähnt werden. Auf Personen, die sich bereiterklärt haben, an einer Befragung teilzunehmen, wirkt es eher frustrierend, schon nach den ersten Fragen mit einem Hinweis wie etwa *„Vielen Dank! Leider gehören Sie nicht zur Zielgruppe unserer Befragung."* ausgescreent, also direkt zum Ende der Befragung weitergeleitet zu werden. Das nachfolgende Beispiel zeigt zwei Versionen eines Anschreibens – eine mit typischen Fehlern und eine verbesserte Version.

Startseite mit typischen Fehlern

Liebe/r Teilnehmer/in,
im Rahmen eines Forschungsprojekts untersuchen wir den Einfluss von Influencermerkmalen auf die Bewertung von Produktwerbung auf Instagram.
Die Befragung dauert rund 12 Minuten und ist völlig anonym. Weitere Informationen zum Datenschutz finden Sie <hier>.
Bitte beantworten Sie alle Fragen gewissenhaft. Bitte füllen Sie die Befragung auf einem Tablet, Laptop oder PC durch.
Vielen Dank für Ihre Teilnahme!

Verbesserte Version
Liebe Teilnehmerinnen und Teilnehmer,
vielen Dank für Ihr Interesse an unserer Befragung!
Im Rahmen eines Forschungsprojekts an der Hochschule x im Fachbereich Marketing befassen wir uns mit Influencern auf Instagram. Influencer sind Personen, die stark auf Social Media präsent sind und daher häufig mit Unternehmen kooperieren. In unserer Befragung interessiert uns, wie verschiedene Posts von Influencern wahrgenommen werden.
Die Befragung dauert rund 12 Minuten und ist völlig anonym. Weitere Informationen zum Datenschutz finden Sie <hier>.
Da in der Befragung zahlreiche Bilder gezeigt werden, möchten wir Sie bitten, den Fragebogen möglichst an einem Tablet, PC oder Laptop auszufüllen.
Bei Fragen erreichen Sie uns unter folgender E-Mail-Adresse: a@x.de
Wenn Sie die Informationen zum Datenschutz gelesen haben und einverstanden sind, an der Befragung teilzunehmen, klicken Sie bitte auf „Weiter".
Wir freuen uns sehr, wenn Sie uns bei unserer Befragung unterstützen.
Herzliche Grüße
A. B., Fachbereich Marketing, Hochschule x.

Zwar können sich mit der Formulierung „*Teilnehmer/in*" bereits Teilnehmerinnen und Teilnehmer angesprochen fühlen, allerdings wirkt die etwas ausführlichere Form „*Liebe Teilnehmerinnen und Teilnehmer*" noch etwas freundlicher.

Insbesondere die Formulierung des Themas weist im ersten Text einen weit verbreiteten Kritikpunkt auf: Sie ist aus der Perspektive der Forschenden formuliert, die vermutlich ein Forschungsmodell mit verschiedenen Vorhersagen für die Rezeption eines Werbereizes auf Instagram entwickelt haben. Für die Befragten ist dies jedoch zu abstrakt und wenig einladend. Zudem kann nicht vorausgesetzt werden, dass Begriffe wie ‚Influencer' oder ‚Influencermerkmale' verstanden werden. Wenn Texte nur bedingt verstanden werden, besteht das Risiko, dass mit der Befragung gar nicht erst begonnen wird. Deshalb sollte bei der Formulierung der Zielsetzung auf der Startseite immer die Perspektive der Zielgruppe der Befragung eingenommen werden.

Ein weiteres Problem – in diesem Fall aus Forschungsperspektive – besteht darin, dass mit der zunächst gewählten Formulierung bereits eine Beeinflussung der Teilnehmenden erfolgen könnte. So wird die Möglichkeit geäußert, dass Merkmale der Person des Influencers Einfluss auf die Beurteilung von entsprechenden Werbereizen haben könnten, was im Rahmen der Studie geprüft werden soll. Hier können sich Effekte auf das Antwortverhalten ergeben und die Validität der Befragung reduzieren.

> **Folgende Leitfragen können bei der Formulierung des Themas auf der Startseite helfen**
>
> - Welche Begriffe kennt unsere Zielgruppe?
> - Wofür interessiert sich unsere Zielgruppe?
> - Was können wir über unsere Studie sagen, ohne bereits zu beeinflussen?
> - Wie können wir möglichst knapp über das Wesentliche unserer Befragung informieren, sodass die Befragten eine Vorstellung davon haben, worauf sie sich einlassen?

Die weiteren in der zweiten Version überarbeiteten Punkte beziehen sich eher auf den Umgangston gegenüber den Befragten. So wird auf den Passus zum gewissenhaften Antworten verzichtet; die Bitte zur Nutzung eines Geräts mit größerem Display wird mit einer Begründung versehen, was freundlicher und überzeugender wirkt. Am Ende wird ein Absender genannt, wodurch die Forschungsgruppe gewissermaßen ein Gesicht erhält und persönlicher wirkt.

5.3 Beginn

Nach dem Klick auf den Befragungslink und der Betätigung von *„Weiter"* auf der Startseite darf davon ausgegangen werden, dass ein Grundinteresse an Thema und Befragung gegeben ist und offenbar auch situative und zeitliche Rahmenbedingungen eine Beteiligung zulassen. Jedoch entscheiden auch die ersten Fragen in besonderem Maße darüber, ob abgebrochen oder die Befragung weiterbearbeitet wird (Dillmann et al., 2014, S. 230). Sind die ersten drei bis vier Fragen beantwortet, besteht meist ähnlich wie bei persönlich geführten Interviews ein hinreichender Rapport zwischen Befragten und Fragenden (Porst, 2014, S. 139). Eine so entstandene Bindung führt dazu, dass bei guter Konzeption des Fragebogens kaum weitere Abbrüche passieren. Wie Anschreiben und Startseite sollte daher auch der erste Teil des Fragebogens in besonderer Weise motivieren und einen positiven Kontakt zu den Befragten aufbauen und vertiefen. Zusätzlich sollten in diesem Teil diejenigen Fragen gestellt werden, die notwendigerweise früh im Fragebogen platziert werden müssen.

Motivierende Fragen
Für den Start in eine Befragung bieten sich sogenannte Eisbrecherfragen an, die eine Verbindung zum Befragten schaffen und Türöffnerfunktion haben (Möhring & Schlütz, 2019, S. 110). Porst (2014, S. 142) identifiziert fünf Merkmale, die eine gute Frage zum Einstieg in die Befragung kennzeichnen. Zwar gelingt es nicht immer, alle Aspekte perfekt in einer Frage zu kombinieren; es sollte allerdings angestrebt werden, gerade zu Beginn der Befragung möglichst mehrere dieser Kriterien zu erfüllen:

Merkmale einer guten Einstiegsfrage

- Hoher Bezug zum Thema
- Einfach
- Von allen beantwortbar
- Mit persönlichem Bezug zur Person (ohne zu persönlich zu sein)
- Spannend

In nicht wenigen Onlinebefragungen, die uns im Alltag begegnen, stehen Daten zur Person (z. B. Alter, Geschlecht) ganz am Anfang. Vielen Forschenden, die zum ersten Mal einen Fragebogen entwickeln, mag es daher plausibel erscheinen, auch mit solchen soziodemografischen Fragen einzusteigen. Diese sollten jedoch zu Beginn einer Befragung vermieden werden. Zwar weisen sie einen persönlichen Bezug auf, sind in der Regel einfach und von allen beantwortbar, allerdings sind sie weder themenbezogen noch spannend.

Wenn sich die Befragten bereit erklärt haben, an einer Befragung zu Influencern auf Instagram teilzunehmen, erwarten sie, dass schon die ersten Fragen einen klaren **Bezug zum Thema** aufweisen. Zu Beginn wäre etwa eine Frage zu Kenntnis oder Nutzung verschiedener Social-Media-Kanäle denkbar: *„Welche der folgenden Social-Media-Kanäle kennen Sie?"* oder *„Welche der folgenden Social-Media-Kanäle haben Sie in den letzten vier Wochen zumindest einmal genutzt?"*

Solche Fragen weisen einen plausiblen Bezug zum Thema auf, sind **einfach** formuliert und durch ein verständliches Antwortformat gut beantwortbar. Sie initiieren zudem die gedankliche Beschäftigung mit dem Thema Social Media, indem zunächst eigenes Wissen oder Verhalten zum Thema aktiviert wird.

Weniger einfach sind hingegen Fragen, die mit eher komplexen Begriffen arbeiten oder bei der Beantwortung hohe kognitive Ansprüche an das Erinnerungs- oder Urteilsvermögen stellen: *„Wie vielen Influencern aus den nachfolgend aufgelisteten Branchen folgen Sie auf Instagram?"* oder *„Wie viel Zeit verbringen Sie durchschnittlich pro Woche auf Instagram (Angaben in Minuten)?"*

So könnte zunächst der Begriff des Influencers noch unklar sein. Insbesondere erfordert die Beantwortung der Frage jedoch eine komplexe Folge an kognitiven Leistungen. Es muss grob präsent sein, welchen Instagramkanälen auf dem eigenen Profil gefolgt wird; dabei muss entschieden werden, welche Profile als Influencer-Profile eingeordnet werden können; und schließlich muss eine Differenzierung dieser Profile nach verschiedenen Branchen (Fitness, Reise, Schmuck…) erfolgen. Dies führt mit hoher Wahrscheinlichkeit zur Überforderung der Befragten.

Folgende Fragen sind aller Voraussicht nach **nicht von allen Befragten beantwortbar,** da sie sehr spezifische Begriffe oder Themen enthalten, die nicht als allgemeinverständlich vorausgesetzt werden können: *„Was glauben Sie, wie viele Follower haben Influencer auf Instagram durchschnittlich?"* oder *„Was glauben Sie, wie stark sind Influencer auf folgenden Social-Media-Kanälen vertreten?"* Folgende Frage hingegen dürften alle Befragten beantworten können (sofern sie nur denjenigen gestellt wird, die einen Instagram-Zugang haben): *„Waren Sie heute schon einmal auf Instagram?"*

Gerade Fragen, die mit hoher Wahrscheinlichkeit zustimmend beantwortet werden, eignen sich besonders gut für den Einstieg (Möhring & Schlütz, 2019, S. 115). Wenn bereits zu Beginn eine oder mehrere Fragen verneint werden müssen, kann bei den Befragten der Eindruck entstehen, dass sie gar nicht zur Zielgruppe der Befragung gehören und keinen wirklichen Beitrag leisten können.

Ein **persönlicher Bezug** ist gegeben, wenn nach individuellen Meinungen oder Verhaltensweisen gefragt wird, die sich unmittelbar auf die Person der Befragten beziehen. So weisen etwa die Fragen, welche Social-Media-Kanäle in den letzten vier Wochen genutzt wurden, oder ob am Tag der Befragung Instagram aufgerufen wurde, einen persönlichen Bezug auf. Bei Fragen nach der durchschnittlichen Followerzahl von Influencern fehlt hingegen ein solcher Bezug.

Fragen, die zu persönlich sind und die Befragte eventuell ungern beantworten möchte, sollten jedoch nicht am Beginn einer Befragung gestellt werden (Fietz & Friedrichs, 2019, S. 814). Wie in einem privaten Gespräch mit einer noch wenig bekannten Person am Anfang eines Gesprächs Themen wie Gehalt, Religion oder politische Einstellungen eher unangemessen wirken, sollten solche sehr persönlichen und heiklen Themen auch bei einem Fragebogen nicht an den Anfang gestellt werden. Zu diesem frühen Zeitpunkt muss wie beim Kennenlernen im privaten Kontext die Beziehung zum Befragten erst noch aufgebaut werden.

Ein besonders guter Start in die Befragung gelingt, wenn die einleitenden Fragen zusätzlich als **spannend** oder interessant erlebt werden. Während sehr allgemeine Fragen *(„Wie ist generell Ihre Einstellung zu Social Media?")* eher langweilig wirken, können spezifischere Fragen

(z. B. zu konkretem Verhalten) eher Interesse wecken. Auch Fragen mit aktuellen Bezügen, überraschenden Gedanken oder ungewohnten Itemformaten wirken spannend und wecken weiteres Interesse, zum Beispiel: *„Auf welchem der folgenden Bilder wirkt Instagrammer xy auf Sie am sympathischsten?", „Welcher der Auszüge aus Instagram-Profilen gefällt Ihnen spontan am besten?", „Was glauben Sie, welcher der Instagrammer hat wohl mehr Follower?"*

Nicht bei jedem Thema ist es einfach, spannende Fragen zu stellen. Gerade der Einsatz von weniger stark verbreiteten Antwortformaten wie etwa der Bilderauswahl bietet die Chance, den eigenen Fragebogen positiv von anderen Fragebögen, die häufig mit klassischen Rating- oder Mehrfachwahlfragen beginnen, abzuheben.

Vermeidung von Reihenfolgeeffekten
Neben Fragen, die interessant und leicht zu beantworten sind, sollten auch Fragen an den Anfang gestellt werden, bei denen die Gefahr einer Beeinflussung durch andere Fragen besteht. Kontext- und Reihenfolgeeffekte sowie denkbare Lösungen wurden bereits in Abschn. 4.1 behandelt und sind nicht ausschließlich auf Fragen zu Beginn eines Fragebogens begrenzt. Wenn sich allerdings der Fall ergibt, dass dadurch Fragen ganz an den Anfang des Fragebogens verlagert werden müssten, muss auch für diese Fragen geprüft werden, ob sie sich generell als Einstiegsfragen eignen, also etwa motivierend, themenbezogen und einfach sind. Sollten mehrere dieser Kriterien nicht erfüllt sein, empfiehlt es sich, eine andere, besser geeignete Frage vorzuziehen. So dürfte es bei jedem Thema zahlreiche Aspekte geben, die sich als Einstiegsfrage eignen, ohne andere Fragen zu beeinflussen.

Besonders bei offenen Fragen, bei denen die Befragten mit der Eingabe von Freitext antworten, besteht die Gefahr der Beeinflussung durch vorherige Fragen. Wenn zuerst in einem geschlossenen Antwortformat erfragt wird, wie verschiedene Aspekte rund um Social Media (z. B. Unterhaltungswert, Qualität der Information) bewertet werden, ist es nicht sinnvoll, im Anschluss eine offene Frage zu spontanen Gedanken zu Social Media zu stellen. Deshalb kommt es gelegentlich vor, dass auch solche offenen Fragen im vorderen Teil eines Fragebogens eingesetzt werden (Möhring & Schlütz, 2019, S. 112).

Als Startfragen bergen offene Fragen das Risiko eines Abbruchs, weil sie eher komplizierter als andere Fragen mit geschlossenem Antwortformat sind. Unter Umständen erschließen Befragte aus der ersten Frage auch den weiteren Verlauf des Fragebogens. Wenn ein schwieriger Einstieg mit einer offenen Frage gewählt wird, könnte die Sorge bestehen, dass auch im weiteren Verlauf komplizierte und offene Fragen dominieren.

Sofern zu einem Thema eine offene, unbefangene Antwort seitens der Befragten schon frühzeitig erforderlich ist, bietet es sich an, die offene Frage zwar im ersten Teil des Fragebogens zu stellen, aber nicht direkt als Einstiegsfrage. Stattdessen lässt sich in der Regel problemlos mit anderen motivierenden und einfachen Fragen starten, die die Antwort auf die sich anschließende offene Frage noch nicht beeinflussen. Des Weiteren lässt sich durch Formulierung und Darstellung der offenen Frage der Aufwand für die Befragten mindern. So könnte bei einer Befragung zu Influencern gefragt werden: *„Was denken Sie spontan über Influencer auf Instagram? Bitte nennen Sie maximal drei Punkte, die Ihnen dazu einfallen."* Dennoch sollte man sich bei der Entscheidung über die Einbindung offener Fragen die zentrale Stärke eines Onlinefragebogens vergegenwärtigen, die darin besteht, in kurzer Zeit Daten von größeren Stichproben zu erhalten, die sich statistisch aufbereiten lassen.

5.4 Hauptteil

Im Mittelteil einer Befragung kann der Fokus verstärkt auf die Bearbeitung der Fragestellungen gelegt werden. In diesem umfangreicheren Hauptteil sind verschiedene Herausforderungen zu bewältigen. Mit dem Ziel, später möglichst reichhaltige statistische Analysen durchführen zu können, besteht die Tendenz, viele sogenannte Itembatterien einzubinden, oft Matrixfragen, bei denen pro Seite zahlreiche Items auf einer mehrstufigen Skala bewertet werden müssen. Solche Fragen sind für die Befragten eher langweilig und anstrengend. Optisch wirken sie gerade bei hoher Anzahl an Abstufungen erschlagend und führen auf den kleinen Displays mobiler Endgeräte zu Schwierigkeiten bei Darstellung und Bedienung. Zudem umfasst der Hauptteil meist mehrere Themen, die sinnvoll strukturiert werden müssen. Folgende Maßnahmen tragen dazu bei, den für die Forschungsfragen essentiellen Mittelteil des Fragebogens aufzulockern und für die Befragten leichter bekömmlich zu machen:

> **Maßnahmen für den Mittelteil einer Befragung**
>
> - Thematische Gliederung: inhaltlich verwandte Themen in einem gemeinsamen Block, gut nachvollziehbare Anordnung innerhalb eines Blocks
> - Kurze Überleitungen bei Themenwechseln
> - ‚Augenmaß' bei Matrixfragen: punktuell ersetzen durch andere Formate, nicht zu viel auf eine Seite
> - Auflockerung durch Spielfragen

Wie sich auch bei alltäglicher Konversation Gesprächsthemen meist nacheinander entwickeln und nicht beliebig zwischen ihnen hin- und hergewechselt wird, sollte auch ein Fragebogen eine nachvollziehbare **thematische Gliederung** aufweisen (Dillmann et al., 2014, S. 230 ff.). Alle Fragen, die zu einem Thema gestellt werden, bilden idealerweise einen Block. Auch innerhalb dieser Themenblöcke sollte über die Reihung der einzelnen Fragen nachgedacht werden. So kann in einem ersten Schritt gefragt werden, welche Social-Media-Plattformen bekannt sind. Mit Hilfe von Filtern können im nächsten Schritt detaillierte Nachfragen zu den bekannten Plattformen folgen. Befragte werden dadurch zunächst recht allgemein an das Thema Social Media herangeführt, erst danach folgen spezifischere Fragen.

Zwischen unterschiedlichen Themen lässt sich mit kurzen **Überleitungssätzen** eine Brücke schaffen, die es den Befragten erleichtert, sich auf ein neues Thema einzustellen (Scholl, 2018, S. 175), beispielsweise: *„Im nächsten Abschnitt geht es um Instagram."* Eine solche Führung reduziert den kognitiven Aufwand und vermittelt Empathie, indem versucht wird, die situativen Bedürfnisse der Befragten zu erfassen.

Matrixfragen lassen sich im Allgemeinen nicht vermeiden, wenn man höhere Skalenniveaus anstrebt. Dennoch kann im Einzelfall geprüft werden, ob alternative Itemformate denkbar sind. Gegen zu umfangreiche und überladene Seiten hilft es, nicht zu viele Einzelelemente auf einer Seite zu platzieren. Sechs bis acht Statements pro Seite, die mit Hilfe einer mehrstufigen Skala beantwortet werden, sind auch auf mobilen Geräten, bei denen meist zwangsläufig gescrollt werden muss, im Allgemeinen noch gut zu bewältigen. Zwischen einzelnen Matrixblöcken wirken kompaktere Fragen mit anderem Antwortformat auflockernd.

Auch sogenannte **Spielfragen** lockern den Mittelteil eines Fragebogens auf. Sie schaffen Abwechslung zum Beispiel durch andersartige und leicht erfassbare Itemformate. So könnte nach einem längeren Matrixblock eine Bildauswahl-Frage folgen: *„Welches dieser Bilder eignet sich aus Ihrer Sicht am besten für einen Instagram-Post zu diesem Produkt?"*

5.5 Ausklang

In der Fragebogenliteratur besteht weitestgehend Konsens darin, dass demografische Fragen zur Person wie etwa Alter, Geschlecht oder Familienstand am Ende platziert werden sollten (Brace, 2018, S. 52; Porst, 2014, S. 147). Einzelne Studien zeigen, dass diese Positionierung von Fragen zur Person sich positiv auf den Rücklauf auswirken kann (Roberson & Sundstrom, 1990, S. 355). Diese einfach zu beantwortenden Fragen werden auch am Ende einer Befragung noch verlässlich beantwortet.

Manche Fragen zur Person, etwa zum Einkommen oder zur eigenen Persönlichkeit, zählen zur Gruppe der heiklen Fragen, die generell eher in einem späteren Teil eines Fragebogens erhoben werden sollten, um das Risiko von Abbrüchen zu minimieren. Werden sie allerdings ganz am Ende als letzte Fragen platziert, könnten sie im Sinne eines Recency-Effekts den Befragten als letzter Eindruck besonders im Gedächtnis bleiben. Daher empfiehlt sich eine Platzierung im hinteren Fragebogenteil, allerdings zwischen anderen, weniger kritischen Fragen. Dabei wirkt es höflich und empathisch, wenn deutlich darauf hingewiesen wird, dass bei diesen Fragen keine Antwortpflicht besteht.

Auf die letzten Fragen folgt eine Schlussseite, deren zentrale Funktion darin besteht, in angenehmer Weise aus der Befragung auszusteigen und sich für die Teilnahme zu bedanken (Fietz & Friedrichs, 2019, S. 816). Als weitere Elemente sind Hinweise zu einer Incentivierung (z. B. einer Verlosung von Gutscheinen) oder das Angebot zu Feedback zur Befragung denkbar.

Die letzte Seite muss nicht umfangreich sein – wie in anderen Teilen einer Befragung kostet auch hier jede zusätzliche Zeile die Befragten Zeit. Mit der Endseite entsteht jedoch ein letzter Eindruck von der Befragung und ihren Absendern (also etwa von einem Unternehmen, einer Institution oder einer Forschungsgruppe), weshalb ihr eine wichtige Rolle zukommt. Ein kurzer Dank kann folgendermaßen formuliert werden: *„Nun sind wir am Ende der Befragung angelangt. Herzlichen Dank für Ihre Unterstützung!"* Optional kann der Nutzen der Teilnahme noch etwas unterstrichen werden: *„Damit haben Sie einen wichtigen Beitrag zur Weiterentwicklung unserer Produkte geleistet!"*

Ein kurzer kreativer Passus oder ein treffendes Bild können die letzte Seite zusätzlich auflockern, sind aber nicht zwingend nötig. Höflich und wertschätzend wirkt es jedoch, wenn nochmals eine Möglichkeit zur Kontaktaufnahme angeboten wird: *„Wenn Sie noch Fragen oder Anmerkungen zu unserer Befragung haben, können Sie sich gerne unter folgender Mailadresse bei uns melden."*

In seltenen Fällen erfordert eine Befragung am Ende ein Debriefing (Möhring & Schlütz, 2019, S. 116). Eine solche Aufklärung ist erforderlich, wenn das eigentliche Ziel der Studie nicht oder lediglich unvollständig genannt wurde, weil sich dies sonst auf das Antwortverhalten hätte auswirken können. Wird beispielsweise die Wirkung von besonders reißerischen ‚Clickbaiting'-Überschriften, die darauf abzielen, möglichst viele Klicks zu erzielen, untersucht, sollte dies zu Beginn der Studie nicht kommuniziert werden. Da Clickbaiting überwiegend negativ belegt sein dürfte, würde die Nennung des Begriffs zu Beginn dazu führen, dass im Verlauf der Befragung verstärkt auf Clickbaiting geachtet würde. Wenn es jedoch nicht erwähnt wird, können die Informationen unbefangen verarbeitet und bewertet werden. Eine solche Befragung könnte etwas allgemeiner als Befragung zur Wahrnehmung verschiedener Nachrichtenmeldungen angekündigt werden. Eine Aufklärung über den wahren Hintergrund sollte jedoch aus forschungsethischer Sicht am Ende der Befragung erfolgen.

Sofern eine Incentivierung erfolgt, sind in der Regel am Ende der Befragung noch persönliche Angaben seitens der Befragten erforderlich. Diese sollten streng getrennt von den Befragungsdaten gespeichert werden. In einigen Tools findet daher eine Überleitung zu einer weiteren Seite statt, die folgendermaßen eingeleitet werden könnte: *„Wenn Sie an der Verlosung von 10 Gutscheinen im Wert von jeweils 20 EUR teilnehmen möchten beziehungsweise unseren Ergebnisbericht gerne nach Abschluss der Erhebung zugeschickt bekommen möchten, klicken Sie bitte hier."* Auf der sich anschließend öffnenden Seite zur Eingabe der relevanten Daten sollte auf die separate Speicherung der Personendaten hingewiesen werden, um die Anonymität der vorherigen Befragungsdaten nochmals transparent zu machen.

> **Empfehlungen für die Praxis**
>
> - Auf der Startseite geht es vor allem darum, zur Teilnahme zu motivieren und Vertrauen zu schaffen. Überlegen Sie daher, wie Ihre Befragung interessant und gut für die Zielgruppe verständlich beschrieben werden kann.
> - Informieren Sie umfassend über Datenschutzaspekte.
> - Starten Sie mit themenbezogenen, motivierenden und einfachen Fragen.
> - Achten Sie darauf, dass Reihenfolgeeffekte vermieden werden.
> - Überlegen Sie im Hauptteil genau, in welche Themen Sie Ihre Befragung untergliedern und welche Anordnung der Fragen innerhalb der Themen für die Befragten am leichtesten nachzuvollziehen ist.
> - Wechseln Sie auch im Hauptteil zwischendurch das Fragenformat ab, das lockert auf.
> - Binden Sie soziodemografische Angaben zur Person am Ende des Fragebogens ein.
> - Verabschieden Sie sich freundlich auf der Endseite und bedanken Sie sich nochmal für die Teilnahme.

Literatur

ADM, ASI, BVM & DGOF. (2021). Richtlinie für Online-Befragungen, 19.07.2021. https://www.dgof.de/wp-content/uploads/2021/08/RL-Online-2021-Stand-19.7.2021.pdf. Zugegriffen: 25. Sept. 2021.

Brace, I. (2018). *Questionnaire design: How to plan, structure and write survey material for effective market research*. Kogan Page.

Dillmann, D. A., Smyth, J. D., & Christian, L. M. (2014). *Internet, phone, mail, and mixed mode surveys* (4. Aufl.). Wiley.

Fietz, J., & Friedrichs, J. (2019). Gesamtgestaltung des Fragebogens. In N. Baur & J. Blasius (Hrsg.), *Handbuch Methoden der empirischen Sozialforschung* (2. Aufl., S. 813–828). Springer VS.

Hollenberg, S. (2016). *Fragebögen*. Springer VS.

Möhring, W., & Schlütz, D. (2019). *Die Befragung in der Medien- und Kommunikationswissenschaft* (3. Aufl.). Springer VS.

Porst, R. (2014). *Fragebogen: Ein Arbeitsbuch* (4. Aufl.). Springer VS.

Roberson, M. T., & Sundstrom, E. (1990). Questionnaire design, return rates, and response favorableness in an employee attitude questionnaire. *Journal of Applied Psychology, 75*, 354–357.

Scholl, A. (2018). *Die Befragung* (4. Aufl.). UVK.

Theobald, A. (2017). *Praxis Online-Marktforschung*. Springer Gabler.

6
Den Fragebogen ins Feld bringen

> **Was Sie aus diesem Kapitel mitnehmen**
>
> - Welche Möglichkeiten Sie für die Programmierung Ihres Onlinefragebogens haben und welche Anforderungen bei der Auswahl eines Tools zu berücksichtigen sind.
> - Auf welche Gestaltungsaspekte Sie bei der Programmierung achten können, damit der Onlinefragebogen nutzerfreundlich ist und zuverlässige Ergebnisse liefert.
> - Weshalb und wie ein Pretest durchgeführt wird.
> - Was es bei der Formulierung eines Anschreibens zu beachten gilt und wie Sie Ihren Onlinefragebogen veröffentlichen können.
> - Was zu tun ist, während der Fragebogen im Feld ist: worauf es beim Rücklauf ankommt und wann und wie Sie die Befragten nochmals an die Beantwortung Ihres Onlinefragebogens erinnern sollten.

Auch wenn Aufwand und Kosten für eine Onlinebefragung auf den ersten Blick vergleichsweise gering erscheinen: im Hinblick auf die erforderliche Sorgfalt bei der Konstruktion des Fragebogens und bei der Durchführung der Umfrage unterscheidet sich die Onlinebefragung kaum von anderen Befragungsformen. Im Gegenteil:

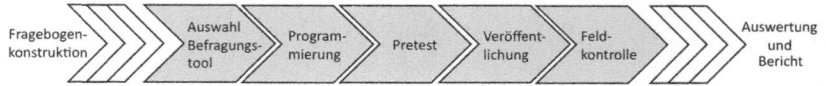

Abb. 6.1 Durchführung der Onlinebefragung

Forschende sind dabei sogar besonders gefordert (Wagner-Schelewsky & Hering, 2019, S. 788). Während in den vorangegangenen Kapiteln das Hauptaugenmerk auf dem Umfragedesign und der Entwicklung des Fragebogens lag, beschäftigt sich dieses Kapitel abschließend mit der Durchführung der Onlinebefragung. Abb. 6.1 zeigt die einzelnen Schritte in dieser Phase – angefangen bei der Auswahl eines passenden Onlinebefragungstools (Abschn. 6.1), über die Gestaltung des Onlinefragebogens bei der Programmierung (Abschn. 6.2), den Pretest (Abschn. 6.3) und die Veröffentlichung (Abschn. 6.4) bis hin zum fertigen Fragebogen im Feld (Abschn. 6.5).

6.1 Auswahl des Befragungstools

Auch bei einer Onlinebefragung ist es empfehlenswert, den Fragebogen zunächst offline zu entwerfen und ihn erst dann mittels einer Onlinebefragungssoftware zu programmieren, wenn er fertig konstruiert und möglichst fehlerfrei ist. Die Bandbreite möglicher Tools, auch Umfragegeneratoren genannt (Welker, 2019, S. 552), ist sehr groß. Zu den etablierten Softwarelösungen für eine Onlinebefragung gehören beispielsweise Qualtrics, LimeSurvey, EFS Survey von Tivian (ehemals Questback, akademische Version Unipark), SurveyMonkey (Herzing, 2019, S. 9) sowie SoSci-Survey und quantilope. Weiterhin existiert aber auch eine Vielzahl kleinerer Anbieter (Theobald, 2017, S. 33). Die verschiedenen Softwarelösungen für eine Onlinebefragung variieren dabei stark in den angebotenen Preismodellen und in ihrem Funktionsumfang. So bieten manche der Softwarelösungen kostenlose Basisversionen mit eingeschränkten Funktionen oder Beschränkungen in der Fragebogenlaufzeit, beim Rücklauf oder dem Fragenumfang, sowie kostenpflichtige Versionen, die je nach Paket ebenfalls im Funktionsumfang und in Bezug auf die jeweilige Zielgruppe (beispielsweise Unternehmen versus Studierende) variieren können. Im Hinblick auf die angebotenen Funktionen steht bei einigen Onlinebefragungstools der Fragebogen selbst im Vordergrund mit einer großen Angebotsbandbreite an Fragenformaten und Möglichkeiten für komplexe Filterführungen, während andere Anbieter von Softwarelösungen den Schwerpunkt auf Layoutmöglichkeiten, die Analyse und Auswertung oder aber auch das Teilnehmermanagement bis hin zur Rekrutierung legen. Daneben gibt es beispielsweise auch Unterschiede im Hinblick auf die Kompatibilität des Tools mit verschiedenen Browsern oder Geräten der Befragten (Beuthner et al., 2021, S. 6).

Da die konkreten Anforderungen an die Software maßgeblich von der jeweiligen Befragung und den Voraussetzungen bei den Forschenden (Vorkenntnisse, Budget) abhängen und stark variieren können[1], wird an dieser Stelle kein einzelnes Tool herausgegriffen und einer näheren Betrachtung unterzogen. Stattdessen wird beschrieben, welche grundsätzlichen Anforderungen, abgesehen vom Budget, bei der Auswahl einer Softwarelösung für eine Onlinebefragung bedacht werden sollten.

1. Anforderungen auf Seiten der **Durchführenden:** Das Onlinebefragungstool sollte eine den Vorkenntnissen der Forschenden entsprechende, einfache und intuitive Handhabung ermöglichen und bei der Programmierung unterstützen (Welker, 2019, S. 552). Bei den meisten Tools ist inzwischen eine Bedienung ohne erweiterte Kenntnisse von Programmiersprachen möglich (Taddicken & Batinic, 2014, S. 153). Nach Eingabe einer Frage und der dazugehörigen Antwortoptionen können diese in der Regel gleich so angezeigt werden, wie sie später im Onlinefragebogen erscheinen. Gibt es Schwierigkeiten bei der Programmierung, sollten der Support des Anbieters, Videotutorials oder aber Supportforen, in denen sich Nutzer online austauschen können, Unterstützung bieten.

---

[1] So stehen beispielsweise Studierenden von Seiten ihrer Hochschulen häufig für Onlinebefragungen im Rahmen von Lehrveranstaltungen oder Abschlussarbeiten Lizenzen bei ausgewählten Anbietern zur Verfügung.

2. Anforderungen im Hinblick auf den **angestrebten Datenumfang** sowie den **Fragebogen:** Weder die Zahl der möglichen Fragen noch die der Teilnahmen sollte durch eine Obergrenze zu stark limitiert sein. Weiterhin sollten alle für die Befragung notwendigen Fragentypen abgebildet und etwaige Filterführungen automatisiert realisiert werden können. Ist innerhalb des Onlinefragebogens die Einbindung von Multimedia-Elementen geplant, so muss auch dies von der entsprechenden Software unterstützt werden.
3. Anforderungen, die sich aus den **Vorteilen einer computergestützten Befragung** ergeben: Dazu gehört unter anderem die Randomisierung von Items, um unerwünschten Effekten durch ihre Anordnung vorzubeugen, ebenso wie automatisierte Filterführungen oder Prüfungen der eingegebenen Antworten auf Plausibilität (Wagner-Schelewsky & Hering, 2019, S. 796). Diese Punkte können sich maßgeblich in der Qualität der erhobenen Daten niederschlagen.
4. Anforderungen in Bezug auf das **Layout:** Die gewählte Softwarelösung sollte ausreichend flexibel im Hinblick auf die optische Gestaltung des Fragebogens sein. Die Flexibilität reicht von grundlegenden Elementen wie beispielsweise Hintergrundfarben und Schrifttypen bis hin zur Einbindung eines Logos oder aber sogar der Programmierung des Onlinefragebogens im Corporate Design der Forschenden oder Durchführenden, falls diese offen in Erscheinung treten wollen.
5. Anforderungen des **Teilnehmermanagements:** Manche Befragte haben ein Interesse mehrfach an einer Onlinebefragung teilzunehmen, um so beispielsweise die Chance auf ein attraktives Incentive zu erhöhen. Da solche Mehrfachteilnahmen die Daten erheblich verfälschen können, sollten sie möglichst durch ein Onlinebefragungstool ausgeschlossen werden. Darüber hinaus kann es im Rahmen einer Befragung auch von Bedeutung sein, dass Probandinnen und Probanden nicht über ein externes E-Mail-Programm, sondern direkt über die Befragungssoftware zur Teilnahme eingeladen oder daran erinnert werden (Wagner-Schelewsky & Hering, 2019, S. 796). Dafür sollten die entsprechenden Möglichkeiten zum Import und zur Verwaltung der Teilnehmerdaten gegeben sein.

6. Anforderungen an die **Sicherheit** und den **Schutz** der erhobenen und gespeicherten Daten: Sowohl die Befragung selbst als auch die erhobenen Daten und eventuelle teilnehmerbezogene Daten sollten sicher gespeichert, vor unberechtigten Zugriffen oder Veränderungen geschützt und die Durchführung von datenschutzkonformen Onlinebefragungen möglich sein. Um das zu gewährleisten hilft es, bei der Auswahl des Onlinebefragungstools auf Serverstandorte sowie beispielsweise auf Angaben zur Datenverschlüsselung, zu regelmäßigen Backups, Zertifizierungen und entsprechend geschulten Mitarbeitern zu achten. Mit dem jeweiligen Anbieter sollte ein Auftragsverarbeitungsvertrag geschlossen werden, der solche Aspekte rund um Datenverarbeitung und -sicherheit regelt.
7. Anforderungen durch die **genutzten Endgeräte:** Mit der zunehmenden Verbreitung mobiler, internetfähiger Endgeräte nimmt auch der Anteil der Probandinnen und Probanden zu, die auf einem mobilen Endgerät an einer Onlinebefragung teilnehmen (Beuthner et al., 2021, S. 1). Die Softwarelösung sollte daher eine für die jeweils genutzten Endgeräte optimierte Darstellung des Fragebogens ermöglichen.
8. Anforderungen im Hinblick auf das **Monitoring während der Feldzeit:** Um beispielsweise rechtzeitig Entscheidungen über einen erneuten Aufruf zur Teilnahme oder weitere Maßnahmen zur Rekrutierung treffen zu können, ist es hilfreich, wenn ein Onlinebefragungstool während der Feldzeit Statistiken über bisherige Teilnahmen und vollendete Fragebögen liefert. Bei standardisierten Befragungen sollten zwar prinzipiell keine Modifikationen mehr vorgenommen werden, sobald der Fragebogen einmal im Feld ist, da ansonsten die Befragungsergebnisse untereinander nicht mehr vergleichbar sind. Dennoch sind zusätzlich zu den genannten Rücklaufstatistiken auch Angaben über die durchschnittliche Bearbeitungszeit sowie über Befragungsabbrüche hilfreich, um auf mögliche technische Probleme, fehlerhafte Darstellungen oder inkorrekte Filterführungen aufmerksam zu werden und so notfalls noch Korrekturen vornehmen zu können (Theobald, 2017, S. 363). Zudem lassen sich daraus Verbesserungen für künftige Studien ableiten (Wagner-Schelewsky & Hering, 2019, S. 793).

9. Anforderungen der **Datenverwertung:** Nach Abschluss der Feldzeit müssen die erhobenen Daten ausgewertet und in Form eines Berichtes zusammengefasst werden. Hier sind ganz unterschiedliche Anforderungen denkbar, je nachdem, ob dafür alternative Softwarelösungen genutzt oder die Daten direkt im Onlinebefragungstool ausgewertet und in Berichtsform gebracht werden sollen. Ist es geplant, die erhobenen Daten in einem gesonderten Programm auszuwerten, müssen diese in einem zur Analysesoftware kompatiblen Dateiformat aus der Onlinebefragungssoftware exportiert werden können.

Sobald ein passendes Tool für die Onlinebefragung gefunden ist, das sowohl dem verfügbaren Budget als auch den Anforderungen im Hinblick auf den Funktionsumfang entspricht, kann der Fragebogen programmiert werden. Dabei sollte vor allen Dingen auf Nutzerfreundlichkeit geachtet werden (Wagner-Schelewsky & Hering, 2019, S. 793 f.). Darüber hinaus kann eine gute Programmierung auch maßgeblich zur Qualität der erhobenen Daten beitragen, indem Fehler oder Verzerrungen von vorneherein ausgeschlossen werden.

6.2 Die Programmierung des Onlinefragebogens

Mit den verschiedenen Arten von Fragen (s. Kap. 3), der Fragenformulierung (s. Kap. 4) und der Dramaturgie (s. Kap. 5) wurden bereits grundsätzliche Gestaltungselemente des Fragebogens thematisiert. Im Folgenden soll es dagegen um solche Aspekte der Gestaltung gehen, die sich direkt aus der Programmierung des Onlinefragebogens ergeben. Diese stellen auch für den anschließend durchzuführenden **Pretest** (s. Abschn. 6.3) eine zentrale Grundlage dar. Die konkreten Gestaltungsmöglichkeiten variieren zwar in Abhängigkeit des Tools, welches für die Onlinebefragung genutzt wird. Doch auch wenn an dieser Stelle keine spezifische Softwarelösung herausgegriffen wird, soll auf einige zentrale Elemente der Fragebogengestaltung bei der Programmierung hingewiesen werden.

6.2.1 Anforderungen verschiedener Endgeräte

Beim Layout eines Onlinefragebogens sollte unter anderem bedacht werden, dass die Probandinnen und Probanden in der Regel frei wählen können, welches Endgerät (PC, Tablet, Smartphone) sie zum Beantworten des Onlinefragebogens nutzen (Beuthner et al., 2021, S. 1). Dadurch muss der Onlinefragebogen auf verschiedenen Bildschirmgrößen, Betriebssystemen und schließlich in unterschiedlichen Browsern dargestellt werden. Die meisten Onlinebefragungstools bieten dafür die Möglichkeit eines responsiven Designs, wodurch die Darstellung automatisch an das Endgerät der Probandinnen und Probanden angepasst wird. Da die Abdeckung verschiedener Gerätearten und Browservarianten hierbei unterschiedlich gut funktioniert – insbesondere, wenn veraltete Versionen genutzt werden – sollte ein Onlinefragebogen im Vorfeld der Veröffentlichung in jedem Fall auf verschiedenen Endgeräten getestet werden. Manchmal variieren die Darstellungsarten so sehr, dass es sinnvoll erscheint, in den Hinweisen zur Beantwortung einer Frage die Nutzer verschiedener Endgeräte gesondert zu adressieren.

> Ein **responsives Design** ermöglicht eine für die verschiedenen Endgeräte optimierte Darstellung des Fragebogens. So soll den Anforderungen verschiedener Endgeräte Rechnung getragen, den Befragten aber dennoch ein möglichst einheitliches Fragebogenerlebnis ermöglicht werden.

Die Tatsache, dass Onlinefragebögen zunehmend auf dem Smartphone und nicht mehr allein auf einem Desktoprechner ausgefüllt werden (Beuthner et al., 2021, S. 1), führt zu einer weiteren Herausforderung für die Gestaltung: Die Befragten haben während des Ausfüllens ein hohes Ablenkungspotenzial durch verschiedene Störquellen – durch das Smartphone selbst, aber auch durch die Nutzungssituation, die durch die Forschenden nicht kontrolliert werden kann. So wird ein Onlinefragebogen unter Umständen beim Warten auf den Bus ausgefüllt, während Dritte anwesend sind oder aber andere Medien nebenher genutzt werden. Damit konzentrieren sich die Befragten nicht zwangsläufig allein auf die Beantwortung des Fragebogens. Umso wichtiger ist es, den Onlinefragebogen möglichst nutzerfreundlich zu gestalten, da ansonsten die Motivation zur Teilnahme an der Befragung leidet oder den Befragten Fehler bei der Beantwortung unterlaufen, die sich wiederum in der Qualität der erhobenen Daten niederschlagen.

6.2.2 Zur Länge des Onlinefragebogens

Als optimale Länge von Onlinefragebögen werden **10 bis 15 Minuten** angesehen (Wagner-Schelewsky & Hering, 2019, S. 793). Die Teilnahmebereitschaft wird unter anderem auch durch den Befragungsanlass und das Thema des Fragebogens bestimmt, daher kann es sinnvoll sein, die Fragebogenlänge dahingehend abzustufen: So kann Kunden, die im Rahmen einer B2C- oder B2B-Befragung per E-Mail eingeladen werden, sowie den Mitgliedern eines Online-Access-Panels ein längerer Fragebogen zugemutet werden als anonymen Konsumenten, die zufällig auf einer Website rekrutiert wurden (Theobald, 2017, S. 78). Allerdings sollte bei längeren Onlinebefragungen stets bedacht werden, dass die Konzentration bei den Probandinnen und Probanden nachlässt, worunter dann auch die Qualität der erhobenen Daten leidet. Insofern sollte bei Fragebögen, welche länger als 20 Minuten dauern, nochmals kritisch hinterfragt werden, ob nicht doch noch an der einen oder anderen Stelle gekürzt werden kann. Die Fragebogenlänge ist insbesondere auch dann relevant, wenn anzunehmen ist, dass Befragte via Smartphone auf den Onlinefragebogen zugreifen. In diesem Fall sollte der Onlinefragebogen möglichst kurz sein (Beuthner et al., 2021, S. 5). Befragungen, die auf unterschiedlichen Endgeräten bearbeitet werden, stellen die Forschenden also vor die Herausforderung ein gutes Mittelmaß für die Fragebogenlänge zu finden.

6.2.3 Automatisierungen im Onlinefragebogen

Im Vergleich zu anderen Befragungsformen profitiert die Onlinebefragung durch eine Reihe von Automatisierungsmöglichkeiten, welche den Onlinefragebogen nicht nur nutzerfreundlich machen, sondern vor allen Dingen auch zu einer höheren Datenqualität beitragen. Dazu gehören neben der Randomisierung von Items die Kontrolle der Antworten auf Vollständigkeit und Plausibilität sowie automatische Filterführungen und Ausblendungen.

Filterführungen und Ausblendungen
Einzelne Fragen, die für bestimmte Probandinnen und Probanden nicht relevant sind, weil sie beispielsweise die Voraussetzungen zur Beantwortung nicht erfüllen, können im Onlinefragebogen **automatisch ausgeblendet** werden. So macht es wenig Sinn, Personen, die Twitter nicht nutzen, nach ihrer Nutzungshäufigkeit des Social-Media-Kanals zu befragen. Um für die Teilnehmenden irrelevante Fragen auszublenden, wird in einer vorangehenden Frage zunächst die Erfüllung der Voraussetzung zur Beantwortung erfragt. Basierend auf der jeweiligen Antwort der Befragten wird eine Frage dann entweder angezeigt oder ausgeblendet.

> **Beispiel**
> Wird auf die Frage „Nutzen Sie Twitter?" mit „Nein" geantwortet, so kann die Folgefrage „Wie häufig nutzen Sie Twitter?" ausgeblendet werden.

Werden ganze Fragenkomplexe ausgeblendet, so entstehen unterschiedliche ‚Wege' durch den Fragebogen, auf denen es individuell verschieden ist, welche und wie viele Fragen die Probandinnen und Probanden jeweils erhalten. In diesem Fall spricht man auch von **Filterführungen**. Ausblendungen oder Filter können darüber hinaus beispielsweise auch eingesetzt werden, um den Befragten per Zufall alternative Fragen oder Fragenkomplexe zur Beantwortung zuzuweisen (Theobald, 2017, S. 67). Während das Auslassen einzelner Fragen oder auch komplexere Filterführungen im klassischen schriftlichen Fragebogen nicht zu unterschätzende Herausforderungen für die Befragten darstellen, lässt sich im Onlinefragebogen über die genutzte Softwarelösung in der Regel beides automatisieren, was deutlich nutzerfreundlicher ist. Zu viele Filter machen den Fragebogen jedoch fehleranfällig und schwer im Pretest kontrollierbar (s. Abschn. 6.3). Zudem werden dadurch Fortschrittsanzeigen, die den aktuellen Bearbeitungsstand rückmelden, häufig unzuverlässig.

Randomisierung von Items
Bei Fragen mit längeren Itemlisten tendieren Befragte mitunter dazu, die ersten oder letzten Items der Liste bevorzugt auszuwählen (s. Abschn. 4.1). Da die Antworten dadurch verzerrt werden, sollten sie bei jedem Teilnehmenden in einer **zufällig anderen Reihenfolge** erscheinen, also randomisiert werden. In einer Onlinebefragung ist die Randomisierung von Items automatisiert durch das Onlinebefragungstool möglich und sollte daher in jedem Fall genutzt werden. Lediglich eine Ausweichkategorie, wie *„Ich weiß es nicht."* oder aber die Antwort *„Sonstige"*, bei der Befragte unter Umständen in ein Textfeld noch eigene Antworten eintragen können, sollten von der zufälligen Anordnung ausgenommen und immer am Ende einer Itemliste platziert werden (Theobald, 2017, S. 70).

Antwortpflicht
Es liegt im Interesse der Forschenden, dass ein Onlinefragebogen möglichst umfassend bearbeitet wird und keine Fragen ausgelassen werden. Während bei anderen Befragungsformen interviewende Personen auf die vollständige Beantwortung aller relevanten Fragen achten können, fehlt diese Kontrollmöglichkeit im Onlinefragebogen zunächst. Allerdings kann die Prüfung auf vollständige Beantwortung vom Onlinebefragungstool in der Regel automatisiert ausgeführt werden. So lässt sich bei der Programmierung ausgewählten oder auch allen Fragen eine Beantwortungspflicht zuweisen. Wird eine solche Frage nicht beantwortet, wird den Befragten beim Klick auf den Weiter-Button ein Hinweis angezeigt, der sie auf die Pflicht zur Beantwortung der ausgelassenen Frage verweist. Im schlechtesten Fall kann ein solcher Antwortzwang Befragte verärgern, vor allem dann, wenn sie eine Frage nicht beantworten können oder wollen. Dann bleibt nur noch die Möglichkeit falsch zu antworten oder aber den Fragebogen ganz abzubrechen. Um dem vorzubeugen, ist es hilfreich bei verpflichtenden Fragen Ausweichkategorien einzufügen, wie beispielsweise die Antwort

"Ich weiß es nicht." oder *"Darüber habe ich mir noch keine Gedanken gemacht."* Auch bei offenen Fragen, bei denen Befragte selbst eine Antwort formulieren müssen, ist ein Zwang unter Umständen eher hinderlich und kann dazu verleiten, anstelle der Antwort auf die Frage einen beliebigen Text in das Freitextfeld einzugeben, nur um im Fragebogenverlauf weiterzukommen. Daher sollten verpflichtende Fragen immer mit Augenmaß eingesetzt werden – also nur dort, wo es unerlässlich ist, dass eine Frage beantwortet wird. Das ist zum Beispiel dann der Fall, wenn verschiedene Filter- oder Ausblendbedingungen im weiteren Fragebogenverlauf auf den Antworten zu einer Frage basieren. Darüber hinaus gehen Befragte im Onlinefragebogen in der Regel ohnehin von einer Antwortpflicht aus und ziehen eher nicht in Betracht, die Beantwortung einer Frage auszulassen (Theobald, 2017, S. 71).

Plausibilitätsprüfungen
Im Onlinefragebogen können die Antworten aber nicht nur auf Vollständigkeit, sondern auch auf Plausibilität geprüft werden. Eingesetzt werden solche Kontrollen unter anderem bei Mehrfachwahlfragen, bei der fallweise nur eine begrenzte Zahl an Antworten ausgewählt werden darf. Hier wird das Onlinebefragungstool beispielsweise bei einer Frage, zu der maximal drei verschiedene Antworten ausgewählt werden dürfen, die Auswahl von vier oder mehr Antworten nicht zulassen. Darüber hinaus sind solche Plausibilitätsprüfungen vor allem dann sinnvoll, wenn verschiedene Antwortoptionen sich gegenseitig ausschließen und nicht gemeinsam ausgewählt werden sollten.

> **Beispiel**
> Bei der Frage *"Welche der folgenden Social-Media-Kanäle nutzen Sie?"* stehen die Antwortoptionen *"Twitter, Facebook, Instagram, YouTube, TikTok, Snapchat"* und *"Nichts davon."* zur Auswahl. Während hier grundsätzlich mehrere Antwortoptionen ausgewählt werden können, sollte die Kategorie *"Nichts davon."* exklusiv, das heißt nicht mit den anderen Antwortoptionen kombinierbar sein, da sie nicht gleichzeitig zu den anderen Antworten möglich ist. Mit einer Plausibilitätsprüfung kann die Kombination solcher widersprüchlichen Antwortkategorien von vornherein verhindert werden, indem bei der Markierung der exklusiven Antwortoption die Auswahl aller anderen Antworten automatisch aufgehoben wird.

Weiterhin sind Plausibilitätsprüfungen hilfreich bei freien Textfeldern. Sind die Befragten aufgefordert, Informationen in einem ganz bestimmten Format einzutragen (beispielsweise ein Datum, eine Prozentzahl, eine zweistellige ganze Zahl oder eine E-Mail-Adresse), so überprüft die Onlinebefragungssoftware diese Eingabe automatisch und weist auf fehlerhafte Eintragungen hin. Darüber hinaus lässt sich auch die Gesamtzahl der zugelassenen Zeichen bei einem Freitextfeld beschränken und mittels einer Plausibilitätskontrolle überprüfen. Der Einsatz von Vollständigkeits- oder Plausibilitätskontrollen im Onlinefragebogen trägt zwar zu einer erhöhten Datenqualität bei, weil fehlerhafte Eingaben umgehend korrigiert werden können. Nichtsdestotrotz sollte ihr Einsatz maßvoll erfolgen, da allzu viele Fehlerhinweise auch dazu führen können, dass die Befragten irritiert oder verärgert reagieren und im schlimmsten Fall die Bearbeitung des Fragebogens abbrechen (Wagner-Schelewsky & Hering, 2019, S. 794).

Die Meldungen, die den Befragten bei fehlerhaften oder unvollständigen Antworten angezeigt werden, sind bei vielen Befragungsgeneratoren schon für verschiedene Fälle vorformuliert und lassen sich meist auch in verschiedenen Sprachen hinterlegen. Hier sollte bei der Programmierung, aber vor allen Dingen auch beim anschließenden Pretest, nicht nur darauf geachtet werden, dass die Hinweise in der richtigen Sprache ausgegeben werden, sondern auch darauf, dass sie für die Befragten verständlich und ausreichend konkret sind, sodass eine Korrektur der Antwort möglichst einfach ist. Bei vielen Onlinebefragungstools lassen sich die vordefinierten Fehlermeldungen bei Bedarf anpassen.

6.2.4 Die richtige Verteilung von Fragen

Neben der Länge des Fragebogens ist auch auf die **Anzahl der Fragen pro Seite** zu achten (Wagner-Schelewsky & Hering, 2019, S. 794). Insbesondere auf dem Smartphone wird das Ausfüllen eines Fragebogens durch langes horizontales oder vertikales Scrollen erschwert und führt schnell zu Abbrüchen. Aber auch für Befragte, die den Fragebogen auf dem Desktop-PC beantworten, erschwert es die Teilnahme. Daher empfiehlt es sich, die einzelnen Seiten nicht zu umfangreich zu gestalten und auf jeder Seite nur eine Frage zu platzieren beziehungsweise die Fragen so auf mehrere Seiten zu verteilen, dass die Befragten möglichst wenig scrollen müssen (Möhring & Schlütz, 2019, S. 177). Auch für etwaige Filter- oder Ausblendbedingungen ist eine großzügige Verteilung der Fragen auf mehrere Seiten hilfreich, denn diese funktionieren in der Regel nur dann automatisiert, wenn die betreffenden Fragen auch auf verschiedenen Seiten stehen. Fragen mit zu langen Antwortlisten sollten besser von vornerehin gekürzt oder auf mehrere Fragen aufgeteilt werden, da ein Format mit langen Listen sowohl auf dem Smartphone als auch auf dem PC eher aufwendig zu bearbeiten und für die Befragten ermüdend ist.

Werden nur wenige Fragen pro Seite platziert, um umständliches Scrollen zu vermeiden, verlieren Befragte allerdings den Überblick über die Fragebogenlänge und ihren Fortschritt innerhalb des Onlinefragebogens. Ein **Fortschrittsbalken,** der den Befragten ihren jeweiligen Stand anzeigt, kann hier Abhilfe schaffen und die Befragten zum Durchhalten motivieren. Allerdings ist die Fortschrittsanzeige im Rahmen von Filterführungen nicht immer korrekt, da sie auf der Gesamtzahl aller Fragen basiert und nicht berücksichtigt, dass die Zahl der im individuellen Fall zu bearbeitenden Fragen aufgrund von Filtern oder Ausblendungen variieren kann. In diesem Fall kann die Fortschrittsanzeige Befragte mitunter auch irritieren (Möhring & Schlütz, 2019, S. 181). Letzteres sollte in einem Pretest daher auf jeden Fall beobachtet und auf die Einblendung der Anzeige bei zu großen Diskrepanzen zwischen dem angezeigten und dem tatsächlichen Fortschritt verzichtet werden.

Zusätzlich oder alternativ zur Fortschrittsanzeige (falls diese aufgrund von Ungenauigkeiten nicht eingesetzt wird) können die **Überleitungstexte** (s. Abschn. 5.4) zwischen einzelnen Fragenkomplexen genutzt werden, um Orientierungspunkte für die Befragten zu setzen. Dafür ist es sinnvoll, die Überleitungen mit motivierenden Aussagen anzureichern, aus denen die Teilnehmenden auf die verbleibende Befragungsdauer schließen können. Dazu zählen beispielsweise Formulierungen wie *„Nun haben Sie bereits mehr als die Hälfte des Fragebogens geschafft, im Folgenden geht es um…"* oder *„Kurz vor Schluss* *stellen wir Ihnen nur noch ein paar Fragen zum Thema…"*. Wie bei der Angabe der voraussichtlichen Befragungsdauer im Anschreiben oder auf der Startseite sollten auch hier vor allen Dingen realistische Angaben gemacht werden, sonst werden bei den Befragten falsche Erwartungen im Hinblick auf die verbleibende Befragungsdauer geweckt, sodass sie gegebenenfalls enttäuscht oder verärgert die Bearbeitung des Onlinefragebogens abbrechen.

> Für einen nutzerfreundlichen Onlinefragebogen sollten die Fragen so platziert werden, dass die Teilnehmenden nicht oder nur wenig scrollen müssen. Damit sie sich gut im Fragebogen orientieren und sich gedanklich auf die verbleibende Dauer sowie einzelne Themenkomplexe einstellen können, helfen eine Fortschrittsanzeige sowie Überleitungstexte.

6.2.5 Weitere Gestaltungsaspekte im Onlinefragebogen

Im Folgenden werden weitere Gestaltungsaspekte bei der Programmierung des Fragebogens zusammengefasst: Dazu zählen die Verwendung von Ausfüllhinweisen, eines Zurückbuttons und von Multimedia-Elementen sowie die grafische Gestaltung des Fragebogens.

Ausfüllhinweise im Onlinefragebogen
Zusätzlich zum eigentlichen Fragentext lassen sich in den Onlinebefragungstools bei jeder Frage Hinweise zum Ausfüllen eingeben. Diese setzen sich auch optisch meist vom Fragentext ab, indem sie beispielsweise in einer anderen Schriftart, -größe oder -farbe erscheinen. Da bei Onlinebefragungen keine Rückfragen an eine interviewende Person gestellt werden können, sollten diese Hinweise genutzt werden, um zu verdeutlichen, wie bei der Beantwortung einer konkreten Frage vorzugehen ist. So sollten Befragte beispielsweise bei einer Mehrfachwahlfrage, bei der nur eine bestimmte Anzahl an Items ausgewählt werden darf, schon vor dem Ausfüllen auf eine mögliche Obergrenze hingewiesen werden. Um Befragte mit einer Fülle an Informationen nicht zu überfordern, ist es wichtig, die Ausfüllhinweise

direkt bei der betreffenden Frage zu platzieren – und nicht gesammelt bereits im Anschreiben oder auf der Startseite zu nennen. Da die Probandinnen und Probanden im Internet zum Teil eher oberflächlich lesen, sollten Ausfüllanweisungen – vergleichbar den Fragentexten – nicht nur zielgruppengerecht, eindeutig und wertfrei, sondern vor allen Dingen auch **einfach formuliert** sein, sodass sie das Ausfüllen erleichtern und nicht zusätzlich erschweren. Um die Befragung nicht zu überfrachten, sollten auch die Ausfüllhinweise mit Augenmaß eingesetzt werden. Wie bei der Beantwortung einer einfachen Ja-Nein-Frage vorzugehen ist, wissen die meisten Befragten intuitiv, hier würde ein Ausfüllhinweis ohnehin nicht gelesen werden oder sogar bei der Bearbeitung des Fragebogens unnötig aufhalten. Erklärungsbedürftig sind dagegen meist Mehrfachwahlfragen, Matrixfragen, Rankingfragen oder Fragen mit Punktevergaben. Insgesamt ist aber davon auszugehen, dass die Probandinnen und Probanden im Laufe der Onlinebefragung lernen, wie mit verschiedenen Fragentypen umzugehen ist, sodass es ausreichend sein kann, die Anweisung nur bei der erstmaligen Verwendung eines Fragentyps zu geben (Theobald, 2017, S. 79).

Der Zurückbutton
Werden die einzelnen Fragen in einem Onlinefragebogen auf mehrere Seiten verteilt, besteht in der Regel die Möglichkeit, über das Softwaretool einen Zurückbutton einzublenden, sodass Probandinnen und Probanden im Fragebogen zurückspringen und ausgewählte Fragen erneut bearbeiten können. Durch das Einblenden eines Zurückbuttons kann beispielsweise verhindert werden, dass Befragte über die Browsernavigation zurückspringen, was auch zu technischen Problemen und zu einem abrupten und ungewollten Abbruch der Befragung führen kann. Teilweise ist ein Zurückspringen zu vorangegangenen Fragen aber aus methodischen Gründen nicht erwünscht und sollte deswegen bei der Programmierung des Fragebogens ausgeschlossen werden (Theobald, 2017, S. 75). Ist in einer Onlinebefragung die Möglichkeit zurückzuspringen grundsätzlich nicht möglich, empfiehlt sich dazu auch ein kurzer Hinweis auf der Startseite.

Einbindung von Multimedia-Elementen
Gerade Onlinebefragungen bieten die Möglichkeit, multimediale Inhalte einzubinden, wie beispielsweise kurze Video- oder Audiosequenzen, und haben damit einen entscheidenden Vorteil gegenüber anderen Befragungsformen. Allerdings ist auch hier wieder zu berücksichtigen, dass viele Befragte den Fragebogen auf dem Smartphone ausfüllen und es bei multimedialen Inhalten durchaus auch zu Problemen mit der Datenübertragung kommen kann oder aber, dass die Datenübertragung mit Kosten für die Befragten verbunden ist. In so einem Fall sollten Befragte schon auf der Startseite einen Hinweis darauf erhalten und Alternativen angeboten bekommen, falls sie multimedialen Inhalt nicht laden können oder wollen, denn Probleme bei der Technik oder der Darstellung führen zumeist schnell zum Abbruch der Onlinebefragung (Wagner-Schelewsky & Hering, 2019, S. 794). Zudem sollte darauf geachtet werden, dass Probandinnen und Probanden nicht von der Onlinebefragung weggeleitet werden, weil so das Risiko besteht, dass sie abgelenkt werden und gar nicht zur Befragung zurückkehren. Der Zugriff auf multimediale Inhalte sollte daher für die Befragten direkt über die Onlinebefragungssoftware erfolgen und nicht lediglich über einen Link, der auf eine externe Plattform weiterleitet. Weiterhin sollten solche Inhalte auch stets aus gutem Grund und mit Bezug zu den gestellten Fragen eingesetzt werden (Theobald, 2017, S. 93).

Beschriftung und Orientierung von Antwortskalen
Die Entscheidung über Skalenniveau oder Skalenlänge wird bei der Konstruktion des Fragebogens getroffen (s. Kap. 3). Im Hinblick auf die Programmierung der Onlinebefragung spielen vor allem die Skalenbeschriftung und -orientierung eine Rolle. So ist auch bei der Programmierung auf eine ausreichende und eindeutige Beschriftung aller Skalenpunkte oder aber der Skalenpole zu achten. Unabhängig davon, welche Form der Beschriftung gewählt wird, sollte diese über den gesamten Onlinefragebogen hinweg möglichst einheitlich erfolgen. Das gilt gleichermaßen für die Ausrichtung der Skala von positiv zu negativ oder umgekehrt. Kommt es im Fragebogenverlauf zu Abweichungen von der einmal eingeführten Praxis, sind Befragte gegebenenfalls verwirrt oder interpretieren die Skala falsch.

Die grafische Gestaltung der Onlinebefragung
Im Sinne einer nutzerfreundlichen Gestaltung ist beim Layout eines Onlinefragebogens zunächst einmal auf **Übersichtlichkeit** und **Leserlichkeit** zu achten, möglichst unabhängig vom genutzten Endgerät. Das betrifft nicht nur eine ausreichende Schriftgröße, sondern auch Abstände und Zeilenumbrüche. Besonders hilfreich für die Befragten ist es, wenn sich Texte mit sehr unterschiedlicher Funktion (z. B. Fragen und Ausfüllanweisungen) optisch klar voneinander unterscheiden, also beispielsweise in unterschiedlichen Schriftgrößen, -farben oder -schnitten erscheinen. Bei mehr als zwei Antwortvorgaben ist es hilfreich, wenn diese zeilenweise farbig alternierend hinterlegt sind. Auch hier zählt vor allen Dingen Einheitlichkeit: eine einmal gewählte Schriftart, -farbe und -größe für die Fragentexte sollte im ganzen Fragebogen einheitlich beibehalten werden, weil die Befragten so schneller lernen, sich im Fragebogen zu orientieren. Kommen unterschiedliche Farben, Schriftarten oder -schnitte zum Einsatz, sollte darauf geachtet werden, dass diese miteinander harmonieren. Sofern die Forschenden in Erscheinung treten möchten, kann beispielsweise ein Logo eingefügt oder aber die Umfrage komplett im Corporate Design eines Unternehmens gestaltet werden.

Auch wenn Gefallen subjektiv ist, eine ‚professionelle' Optik des Onlinefragebogens wirkt sich bei den Probandinnen und Probanden auf die wahrgenommene Glaubwürdigkeit und Seriosität der Forschenden aus und kann auch vertrauensbildend wirken (Theobald, 2017, S. 104) sowie zur Teilnahme animieren. Teilweise bieten die Onlinebefragungstools eine große Bandbreite an Darstellungsmöglichkeiten für Fragen und Antwortoptionen. So kann beispielsweise zwischen verschiedenen Buttonformen, Checkboxen oder Dropdownmenüs gewählt werden, aber auch spielerische Elemente wie Smileys, Schieberegler (hierbei können Befragte durch Ziehen eines Punkts einen Wert auf einer Leiste festlegen) oder Sortierverfahren mit Drag and Drop sind möglich (Möhring & Schlütz, 2019, S. 180). Zwar sollte das Layout des Onlinefragebogens Abwechslung bieten und nicht zu eintönig wirken, wie das beispielsweise bei der Aneinanderreihung langer Itembatterien schnell der Fall ist. Dennoch sollte insgesamt auf Ausgewogenheit geachtet und kein optisches Feuerwerk gezündet werden, welches Befragte ablenkt, überfordert oder aber in ihrer Antwort in irgendeiner Weise beeinflusst.

Zudem sollte das Layout keinen Eigenzweck haben, sondern eine im Onlinefragebogen unterstützende Funktion. Es sollte immer auch zu der Frage und den Antwortoptionen passen. So sollten beispielsweise für dichotome (zweistufige) Antwortmöglichkeiten trotz der verspielten Anmutung keine Schieberegler genutzt werden, weil diese fälschlicherweise suggerieren, dass eine kontinuierliche Abstufung möglich ist. In so einem Fall sind Buttons die bessere Wahl. Vorsicht geboten ist auch bei Textfeldern – diese sollten in ihrer Größe an den erwarteten Umfang der Eingabe angepasst werden. Abgesehen davon ist es empfehlenswert, einmal eingeführte Fragentypen im gesamten Verlauf des Onlinefragebogens durchgehend einheitlich zu gestalten und hier beispielsweise nicht zwischen Buttons und Checkboxen zu variieren. Befragte können sich so nicht nur besser orientieren, sondern sich auch eher auf den Inhalt der Frage und ihre Beantwortung konzentrieren statt auf die technischen Aspekte des Ausfüllens.

Die Fragebogenprogrammierung auf einen Blick

- Um den Anforderungen verschiedener Endgeräte gerecht zu werden, sollte ein responsives Design gewählt werden.
- Der Onlinefragebogen sollte nutzerfreundlich gestaltet werden, das heißt, es sollte auf die Länge sowie auf die Verteilung der Fragen geachtet werden. Eindeutige Ausfüllhinweise sowie Skalenbeschriftungen unterstützen die Befragten bei der Beantwortung. Ein Fortschrittsbalken und motivierende Überleitungstexte verbessern die Orientierung. Automatisierte Filterführungen verringern die Fehlerquote.
- Die Gestaltung des Onlinefragebogens kann die Datenqualität erhöhen: Items sollten randomisiert und Antworten auf Plausibilität geprüft werden. Wichtige Fragen können mit einer Antwortpflicht versehen werden. Ein Zurückspringen sollte nur möglich sein, wenn methodisch nichts dagegenspricht.
- Multimedia-Elemente sollten nur dann eingebunden werden, wenn sie einen Bezug zu den gestellten Fragen haben und sichergestellt ist, dass eine Darstellung für alle Befragten möglich ist oder Alternativen vorhanden sind.
- Das grafische Design hat im Onlinefragebogen eine unterstützende Funktion. Es sollte auf Übersichtlichkeit, Leserlichkeit und Einheitlichkeit geachtet werden. Verschiedene Elemente sollten aufeinander abgestimmt sein.

6.3 Der Pretest

Ist die Programmierung abgeschlossen, beginnt der Feinschliff: Der Onlinefragebogen muss einem **Qualitätscheck,** auch Pretest genannt, unterzogen werden. Dabei gibt es nicht die eine Pretest-Methode: Strenggenommen zählen dazu sämtliche Maßnahmen der Überprüfung vom Untersuchungsdesign über den Fragebogenentwurf bis hin zum fertig programmierten Onlinefragebogen kurz vor dem Feldstart (Weichbold, 2019, S. 349 ff.). An dieser Stelle wird dagegen ein eher ‚enges' Verständnis des Pretests zugrunde gelegt: Gemeint ist die **inhaltliche, methodische** und **technische Überprüfung** des fertig programmierten Onlinefragebogens vor dem Feldstart. Testverfahren im Rahmen der Fragebogenkonstruktion sowie (kognitive) Testverfahren im Labor werden ausgeklammert. Allerdings sind die Übergänge zwischen Fragebogenkonstruktion, Programmierung und Pretest fließend. Müssen beispielsweise Antwortvorgaben umformuliert oder Fragen hinzugefügt oder gestrichen werden, befindet man sich strenggenommen wieder im Entwurfsstadium des Fragebogens.

> Ein Pretest ist die inhaltliche, methodische und technische Überprüfung des fertig programmierten Onlinefragebogens vor dem Feldstart.

Wichtig ist, dass eine Überprüfung des Fragebogens nicht nur durch die Forschenden stattfindet, sondern dass auch andere Personen in den Pretest eingebunden werden. Daher lassen sich in Abhängigkeit von den involvierten Testpersonen die drei folgenden Pretest-Stadien eines Onlinefragebogens unterscheiden (Theobald, 2017, S. 362).

- **Pretest durch die Forschenden:** Hierbei handelt es sich um den ersten Testlauf direkt im Anschluss an die Programmierung, bei dem überprüft wird, ob die Vorlage des Onlinefragebogens korrekt umgesetzt wurde. Zudem sollten weitere methodische und technische Aspekte, wie die Randomisierung von Items oder die Filterführung, berücksichtigt werden.

- **Pretest durch ‚Experten', ** beispielsweise andere Forschende: In dieser Testphase sollte der Onlinefragebogen sowohl von Personen getestet werden, die über Fachkenntnisse zur Befragung verfügen, als auch von Personen, welche die Thematik gut kennen. Hierbei geht es vor allem um den richtigen Aufbau des Fragebogens, um die inhaltliche Korrektheit von Fragen und Antwortvorgaben sowie um weitere methodische Aspekte, beispielsweise Plausibilitätsprüfungen. In dieser Phase sollten zudem auch Experten in Sachen Rechtschreibung und Interpunktion sowie Experten für das Layout zu Rate gezogen werden.
- **Pretest durch Personen der jeweiligen Zielgruppe:** In einem letzten Schritt sollte der Onlinefragebogen unter realistischen Bedingungen durch Personen der anvisierten Zielgruppe getestet werden. Das ist deswegen zentral, weil gerade im Hinblick auf die Formulierung von Fragen, Ausfüllhinweisen und Antwortvorgaben nur Personen aus der Zielgruppe wirklich einschätzen können, ob diese für sie verständlich sind und ob sie gut durch den Fragebogen geführt werden. Selbstverständlich kann auch dieser Personenkreis ein Auge auf Rechtschreibung und Interpunktion haben sowie die Gesamtgestaltung des Fragebogens bewerten. Diese letzte Stufe ist sozusagen die Bewährungsprobe vor dem Feldstart.

Es geht allerdings nicht allein darum, mithilfe des Pretests methodische, inhaltliche oder technische Probleme des Onlinefragebogens auszuschließen. Auch die imagebildende Wirkung, die ein Fragebogen bei der Zielgruppe haben kann, ist nicht zu unterschätzen. Denn ein Onlinefragebogen ist Teil der externen oder internen Kommunikation und sollte deswegen keinesfalls ohne gründliche Überprüfung ins Feld gebracht werden! Lädt ein Unternehmen beispielsweise zu einer Kundenbefragung ein, so vermag ein schlecht umgesetzter und fehlerhafter Onlinefragebogen die Kunden durchaus auch zu verärgern und kann mitunter das künftige Geschäftsverhältnis nachhaltig stören. Aber selbst wenn Befragungspersonen in keinem so engen Verhältnis zu den Forschenden stehen, drückt ein sauber programmierter Fragebogen grundsätzlich eine gewisse Wertschätzung für den Aufwand aus, den die Teilnehmenden beim Ausfüllen der Umfrage investieren.

Für einen sorgfältigen Pretest sollte daher ausreichend zeitlicher Puffer vor dem Feldstart eingeplant werden, selbst wenn Änderungen beim Onlinefragebogen aus technischer Sicht schnell umsetzbar sind. Es gibt keine Faustregel für die Länge des Pretests, da der Testaufwand unter anderem auch davon abhängt, wie erfahren die Durchführenden in der Programmierung von Onlinefragebögen sind, wie sorgfältig der Fragebogen vor der Programmierung vorbereitet wurde, wie die Testpersonen zeitlich verfügbar sind und wie schnell Änderungen umgesetzt werden können. Im Zweifel sollte sogar mit mehr als einer Pretestschleife gerechnet werden. Je nach Onlinebefragungssoftware haben Teilnehmende beim Pretest die Möglichkeit, zu jeder Frage direkt im Fragebogen Kommentare zu hinterlassen, was die Überarbeitung vereinfacht. Auch können Änderungen auf diese Weise umgehend umgesetzt und anschließend erneut getestet werden. Sollte das nicht möglich sein, können die Kommentare einfach mit der jeweiligen Fragennummer in einem gesonderten Dokument erfasst und an die Forschenden zur Überarbeitung weitergeleitet werden.

Je nach Umfang kann ein Pretest durchaus zeit- und kostenintensiv werden. Da aufgrund der individuellen Rahmenbedingungen nicht jeder Onlinefragebogen im gleichen Ausmaß getestet werden kann, werden im Folgenden **Leitfragen** gestellt, die einem Pretest zugrunde gelegt werden können. Dabei handelt es sich sozusagen um die Minimalanforderungen, welche in jedem Pretest beachtet werden sollten:

Folgende Leitfragen können für einen Pretest zugrunde gelegt werden:

- **Dauer:** Wie viel Zeit nimmt das Ausfüllen des Fragebogens in Anspruch? Die Zeit, welche für das Schreiben von etwaigen Kommentaren verwendet wird, sollte hier natürlich nicht mitgerechnet werden.
- **Fragen, Ausfüllhinweise und Antwortvorgaben:** Sind die Formulierungen zielgruppengerecht, eindeutig, einfach und wertfrei? Sind die Antwortvorgaben vollständig und überschneidungsfrei? Wird eine angemessene Anzahl an Antwortvorgaben angeboten und sind es nicht zu viele Antwortvorgaben (zum Beispiel bei Ranking- oder Matrixfragen)? Sind Items nach Möglichkeit randomisiert?

- Werden **unbekannte Begriffe** erklärt?
- Sind **Skalen** (oder Skalenpole) und **Items** korrekt beschriftet? Fangen Skalenpunkte einheitlich mit großem oder mit kleinem Buchstaben an? Ist die Orientierung der Skalen einheitlich?
- **Anrede:** Wird durchgängig eine Anrede verwendet? Wird ‚Du' konsequent groß oder klein geschrieben?
- **Übersichtlichkeit:** Sind die Texte lesbar und gut zu erfassen? Trifft das auch auf verschiedene Endgeräte zu? Werden Schriftarten, -größen, -farben und -schnitte einheitlich angewendet? Setzen sich unterschiedliche Texte ausreichend voneinander ab? Gibt es ausreichend Absätze und Umbrüche?
- **Orientierung:** Wird ein Fortschrittsbalken angezeigt? Oder können Befragte sich alternativ durch die Überleitungstexte im Hinblick auf ihren Fortschritt orientieren?
- **Fragebogenaufbau:** Funktionieren alle angelegten Filterführungen einwandfrei? Kommen die Probandinnen und Probanden gut durch den Fragebogen? Funktioniert das Ausblenden von Fragen basierend auf den entsprechenden Angaben der Probandinnen und Probanden? Soll ein Zurückbutton eingefügt werden? Sind auf der Start- und Endseite die wesentlichen Informationen enthalten?
- **Verteilung von Fragen:** Sind Fragen und Antwortvorgaben so über die Seiten verteilt, dass Befragte möglichst nicht scrollen müssen?
- **Responsives Design:** Wird der Onlinefragebogen auf verschiedenen Bildschirmgrößen korrekt angezeigt?
- **Multimediale Inhalte:** Werden die Inhalte unabhängig vom Endgerät oder der Browserversion korrekt angezeigt?
- **Rechtschreibung und Interpunktion:** Gibt es Rechtschreib-, Komma- oder Tippfehler? Wird eine konsequente Groß- und Kleinschreibung angewendet? Fangen Antwortvorgaben beispielsweise immer konsequent mit einem Großbuchstaben an? Enden Sätze, auch kürzere Statements, stets mit einem Punkt? Fehlen Leerzeichen oder sind zu viele Leerzeichen gesetzt? Sind die Leerzeichen bei Schrägstrichen einheitlich? Werden Wörter konsequent einheitlich geschrieben (beispielsweise „Online-Befragung" versus „Onlinebefragung" oder „aufwendig" versus „aufwändig")?
- **Überprüfungen der Antworteingabe:** Funktionieren die Plausibilitätsprüfungen? Ist bei wichtigen Fragen eine Antwortpflicht korrekt hinterlegt? Müssen Textfelder in Verbindung mit „Sonstiges" ausgefüllt werden? Sind Antwortvorgaben, die sich sinngemäß ausschließen, exklusiv und können nicht miteinander kombiniert werden? Stimmt die Prüfung bei Mehrfachwahlfragen? Oder können Items über die definierte Obergrenze hinaus angeklickt werden? Erscheinen die Fehlermeldungen in der richtigen Sprache und sind sie ausreichend verständlich?

- **Offene Fragen:** Können bei offenen Fragen auch nur die erwünschten Formate eingetragen werden (beispielsweise Text versus Zahlen oder E-Mail-Adresse)? Sind Textfelder angemessen groß?

6.4 Die Veröffentlichung des Onlinefragebogens

Nachdem der Onlinefragebogen programmiert und getestet wurde, steht dem Feldstart nichts mehr im Weg. Bei der Entwicklung der zentralen Fragestellung (s. Kap. 2) wurde die Zielgruppe der Untersuchung bereits definiert und in ihren Merkmalen beschrieben. Vor dem Feldstart müssen nun aus dieser Zielgesamtheit diejenigen Personen ausgewählt und kontaktiert werden, welche den Onlinefragebogen beantworten sollen. Zwar gibt es immer noch Personen, die offline sind und dadurch mit einer Onlinebefragung grundsätzlich nicht erreicht werden können. Wenn als Zielgruppe einer Onlinebefragung jedoch Internetnutzer (oder eine Teilmenge von Internetnutzern) definiert wird, rückt dieses Problem in den Hintergrund (Wagner-Schelewsky & Hering, 2019, S. 791). Sollen im Rahmen der Auswertung und Analyse später Aussagen getroffen werden, die nicht nur für die beteiligten Probandinnen und Probanden gelten, sondern für die Zielgruppe im Allgemeinen, so muss die **Stichprobe** – das heißt die Personen aus der Zielgesamtheit, welche den Onlinefragebogen bearbeiten – **repräsentativ** sein, das heißt in den für die Befragung relevanten Merkmalen ein verkleinertes Abbild der Zielgesamtheit darstellen. Repräsentativität lässt sich am besten durch eine zufällige Auswahl der Befragungspersonen erreichen (Brosius et al., 2016, S. 61). Bei zufälliger Auswahl muss jedes Element der Grundgesamtheit die gleiche Wahrscheinlichkeit haben, in die Stichprobe zu gelangen.

Bei Onlinebefragungen ist eine zufällig gezogene Stichprobe allerdings häufig nicht möglich. Ursache dafür ist die Selbstselektion bei vielen Stichproben (Wagner-Schelewsky & Hering, 2019, S. 791). Das betrifft unter anderem Befragungen, zu denen via Websitebanner oder

Seiteneinblendungen, aber auch über Posts auf Facebook, LinkedIn, Twitter, Instagram oder andere Social-Media-Kanäle eingeladen wird. Bei solchen offenen Einladungen ist die Onlinebefragung für jedermann über einen Link zugänglich – wer teilnimmt oder nicht teilnimmt, bestimmen die Nutzer jeweils selbst, wobei davon auszugehen ist, dass insbesondere diejenigen sich angesprochen fühlen werden, welche ein Interesse am Thema der Onlinebefragung haben oder aber die Forschenden persönlich kennen und unterstützen möchten. Anders sieht es bei Websitebefragungen aus, bei denen die Besucher einer Website nach dem Zufallsprinzip zur Befragung eingeladen werden können, oder bei Onlinebefragungen einer klar abgrenzbaren Gruppe, wie beispielsweise den Kunden eines Unternehmens, deren Kontaktdaten in einem CRM-System abgelegt sind. Hier kann aus der Gesamtheit aller Kundenkontakte eine Zufallsstichprobe gezogen und zur Onlinebefragung eingeladen werden. Ebenso verhält es sich mit Studierenden einer Hochschule, für die eine Liste aller E-Mail-Adressen besteht.

Repräsentativität ist kein zwangsläufig anzustrebendes Ziel einer Onlinebefragung (Theobald, 2017, S. 292). Die Bedeutung der Repräsentativität hängt entscheidend vom jeweiligen Untersuchungsthema ab. Wenn über eine bestimmte Zielgruppe eines Unternehmens eine verlässliche Aussage getroffen werden soll, ist es wichtig, dass die Stichprobe der Zielgruppe möglichst gut entspricht. Bei anderen Themen lassen sich auch nicht-repräsentative Ergebnisse einer Onlinebefragung verwerten und im Kontext der tatsächlich Befragten interpretieren.

Ist der Zugang zu Probandinnen und Probanden aus einer Zielgruppe über die genannten Wege nicht möglich, so bietet es sich unter Umständen an, Teilnehmende alternativ über ein kommerziell angebotenes Online-Access-Panel zu rekrutieren. Dabei handelt es sich um einen Pool an Testpersonen, die bereits im Vorfeld rekrutiert wurden und grundsätzlich bereit sind an Onlinebefragungen teilzunehmen. In einem Online-Access-Panel werden in der Regel nicht nur die Kontaktdaten der Teilnehmenden erfasst, sondern auch zusätzliche Merkmale oder Interessen, wodurch zum Teil Stichproben für ganz spezifische Zielgruppen möglich sind.

Ist klar, wie die Stichprobe gezogen werden soll, muss weiterhin bestimmt werden, **auf welchem Weg** die Zielpersonen kontaktiert werden. Wie bereits erwähnt, ist beispielsweise der Kontakt über eine eigene oder fremde Website via Page Overlays oder Banner denkbar. Daneben kann die Einladung über Posts auf diversen Social-Media-Plattformen sowie in thematisch passenden Foren erfolgen, über Newsletter oder aber – sofern vorhanden – direkt an die E-Mail-Adresse der ausgewählten Personen. In der Regel ist das ein vergleichsweise unkomplizierter Weg, zumal viele Befragungsplattformen einen Versand von Serienmails aus dem Tool heraus erlauben, sodass dafür gar kein externes E-Mail-Programm mehr genutzt werden muss. Daneben gibt es auch ‚Probandenbörsen' wie SurveyCircle, Thesius oder Poll Pool, die nach dem Tauschprinzip funktionieren. So erhalten Forschende auf diesen Plattformen für die Teilnahme an den Studien anderer Forschender Punkte oder Teilnahmen für die eigene Onlinebefragung. Die Forschenden ‚bezahlen' die Rekrutierung hier also mit Zeit beziehungsweise mit der eigenen Teilnahme an den Befragungen anderer Forschender.

Die Ansprache sollte in Abhängigkeit vom gewählten Weg dem jeweiligen Medium gerecht werden: eine Befragungseinladung in einem Post auf Instagram kann niemals so ausführlich sein und muss anders formuliert werden als der Text einer Einladungs-E-Mail. Wegen des Medienbruchs deutlich weniger erfolgversprechend sowie gegebenenfalls kostenintensiver, aber durchaus denkbar ist neben den genannten Kontaktwegen grundsätzlich auch eine Offline-Rekrutierung, beispielsweise klassisch per Post oder aber mit Flyern, Kassenbons, Postkarten, Eintrittskarten oder ähnlichem (Theobald, 2017, S. 300 ff.).

Informationen für das E-Mail-Anschreiben
Den größten Erfolg bei der Rekrutierung verspricht der **Kontakt via E-Mail,** wofür aber aus Datenschutzgründen ein grundsätzliches Einverständnis der Adressierten vorliegen muss (Theobald, 2017, S. 298). Die Textelemente eines E-Mail-Anschreibens ähneln grundsätzlich den Textelementen auf der Startseite (s. Abschn. 5.2). Dabei soll das Anschreiben Neugierde, Interesse und Sympathie wecken, aber insgesamt trotzdem möglichst kurz gehalten werden und nicht zu sperrig

klingen. Die Anrede des Einladungsschreibens sollte der im Onlinefragebogen durchgängig verwendeten Anrede entsprechen.

Eine besondere Bedeutung kommt, ähnlich der Headline eines Werbetexts, der Betreffzeile einer Befragungseinladung zu. Neben der Absenderadresse vermittelt sie die ersten Informationen zu einer Befragung. Weckt die Betreffzeile (oder eine einleitende Zeile in einem Social-Media-Post) Interesse, erhöht sich die Wahrscheinlichkeit, dass die Mail gelesen und eventuell später auf den Befragungslink geklickt wird. Eine eher kryptisch formulierte Betreffzeile wie *„Empirische Erhebung zur Erfassung der Kundenzufriedenheit"* dürfte weniger Interesse wecken als beispielsweise: *„Ihre Meinung ist uns wichtig: Wie zufrieden sind Sie mit unserer Zeitung?"*

Der Link selbst wird gewöhnlich innerhalb der Befragungssoftware generiert und bietet nur wenig Freiheitsgrade für eigene Anpassungen. Sofern aber die Möglichkeit besteht, einen Teil des Links zu verändern, empfiehlt es sich, eine griffige Kurzbezeichnung für die Befragung zu wählen, anstatt eine voreingestellte eher unanschauliche, zufällig generierte Benennung zu belassen.

Der Text der Befragungseinladung sollte ebenfalls Interesse wecken und in wenigen einfachen, persönlich adressierten Sätzen über die Befragung informieren. Neben dem Thema der Befragung sollten insbesondere die Auftraggeber oder Absender der Studie sowie idealerweise bereits der etwaige Zeitbedarf genannt werden. Für eine Einschätzung der Dauer eignet sich ein Pretest mit Personen aus der Zielgruppe. Da die tatsächliche Dauer zwischen den Teilnehmenden variieren kann, sollte die voraussichtliche Bearbeitungszeit mit Angaben wie *„etwa"* oder *„circa"* eher grob umrissen werden, um Befragte nicht zu verärgern, falls sie im Einzelfall doch mehr Zeit benötigen als in Aussicht gestellt (Theobald, 2017, S. 40 f.). Im nächsten Schritt sollten Angaben zu möglichen monetären oder nicht-monetären Incentives, das heißt einer Vergütung für die Teilnahme an der Onlinebefragung gemacht werden. Beispielsweise zählen dazu Prämien oder die Teilnahmemöglichkeit an einem Gewinnspiel. Diese sollen die Motivation zur Teilnahme und damit die Rücklaufquote steigern. Auch ein Bericht über die Studienergebnisse, welcher auf Wunsch per E-Mail zugeschickt wird, kann die Teilnahmebereitschaft bereits erhöhen (Fietz & Friedrichs, 2019,

S. 821). Ob und welche Incentives zum Einsatz kommen, ist im Vorfeld sorgfältig abzuwägen, da diese auch falsche Anreize setzen und sowohl die Auswahl der Befragten als auch deren Antworten und damit die Ergebnisse der Datenerhebung beeinflussen können (Theobald, 2017, S. 346 f.). Im Hinblick auf die Wertigkeit eines Incentives sollte man also eher an eine Aufwandsentschädigung für das Beantworten des Onlinefragebogens denken und nicht zu wertvolle Prämien wählen, da letztere sonst auch dazu führen können, dass ein Fragebogen nur durchgeklickt und nicht richtig beantwortet wird (sog. ‚Speeding'). Daher sollten die Daten – auch unabhängig von den eingesetzten Incentives – nach Abschluss der Erhebung auf solche Umfragefälschungen geprüft und bereinigt werden, indem beispielsweise Befragte herausgefiltert werden, die einen bestimmten Schwellenwert bei der Ausfüllzeit unterschritten haben (Theobald, 2017, S. 75 ff.). Neben einer angemessenen Vergütung wirkt sich auch ein Passus mit einer Bitte um Unterstützung in der Befragungseinladung positiv auf die Teilnahmebereitschaft an der Studie aus (Petrovcic et al., 2016, S. 327). Weitere Details etwa zum Datenschutz folgen nach dem Klick auf den Befragungslink auf den ersten Seiten vor Beginn der eigentlichen Befragung.

> Nach einer einleitenden **Begrüßungsformel** sollte das Anschreiben Informationen zu den folgenden Punkten enthalten
>
> - Ein **Betreff**, der Neugierde weckt.
> - **Anlass, Thema** und gegebenenfalls **Zweck** der Onlinebefragung
> - Eine **gute Begründung**, warum man teilnehmen sollte, und eine **Bitte um Unterstützung**
> - **Voraussichtliche Dauer** der Umfrage
> - **Teilnahmeschluss**
> - Gegebenenfalls die **Auslobung eines Incentives** bei erfolgter Teilnahme
> - **Link** zum Onlinefragebogen
> - Eine **Dankesformel**
> - **Forschende** beziehungsweise **Absender**
> - **Kontaktdaten** eines Ansprechpartners für Fragen oder Anmerkungen

Wie bereits in Abschn. 5.2 erläutert, kann es aufgrund ähnlicher Inhalte durchaus Überschneidungen zwischen Einladungsschreiben und Startseite geben. Insbesondere wenn außerhalb der Einladung via E-Mail noch weitere Rekrutierungswege genutzt werden, sind die Wiederholungen nicht vermeidbar. Wichtig ist in diesem Fall allerdings, dass die Informationen sich nicht widersprechen. Gerade beim zu erwartenden Zeitaufwand und im Hinblick auf die Incentives ist auf Einheitlichkeit zu achten, da Probandinnen und Probanden sich ansonsten getäuscht fühlen könnten und sich gegen die Teilnahme entscheiden.

Beispiel für die Formulierung eines Anschreibens

Ein Anschreiben, mit dem ein Verlag eine Leserbefragung ankündigen möchte, könnte etwa folgendermaßen lauten:
„Betreff: Ihre Meinung ist uns wichtig: Wie zufrieden sind Sie mit unserer Zeitung?
Liebe Leserinnen und Leser,
wir wollen mit unseren Angeboten für Sie stetig besser werden! Deshalb führen wir eine Befragung unserer Leserinnen und Leser zu Ihren Erfahrungen mit unseren Angeboten durch.
Wir freuen uns sehr, wenn Sie sich rund 10 Minuten Zeit nehmen, um uns dabei zu unterstützen. Teilnahmeschluss ist der 30. September 2021.
Unter allen Teilnehmenden verlosen wir x Jahresabonnements unserer Zeitung. Alle Interessenten erhalten zudem nach Abschluss der Befragung auf Wunsch einen kurzen Ergebnisauszug.
Und hier geht es zum Fragebogen:
<Link>
Bei Fragen oder Anmerkungen zu dieser Studie stehen wir Ihnen jederzeit gerne zur Verfügung.
Ihre Abteilung Leserservice von <Zeitung x>
a@x.de"

6.5 Der Fragebogen im Feld

Für standardisierte Onlinebefragungen gilt: Ist der Onlinefragebogen einmal im Feld, sollte nichts mehr daran verändert werden, das betrifft sowohl den Inhalt und die Sprache als auch die Struktur des Fragebogens. Insbesondere bei der Veränderung an Fragen, Antwortformaten und Reihenfolgen lassen sich die erhoben Daten vor und nach der Änderung streng genommen nicht mehr zusammenfassen oder vergleichen. Dennoch kann es sinnvoll sein, die **Entwicklung der Onlinebefragung nach dem Feldstart** genau zu beobachten. In der Regel liefert die Onlinebefragungssoftware Angaben zur bisherigen Anzahl der (vollständigen) Teilnahmen, über die durchschnittliche Bearbeitungszeit, aber auch zu Abbrüchen und Häufigkeiten bei einzelnen Fragen. Sollte es zu technischen Fehlern kommen und beispielsweise Filterführungen nicht korrekt angelegt sein oder Multimedia-Elemente nicht angezeigt werden, so macht sich das meist in einer Häufung von Abbrüchen an dieser Stelle im Onlinefragebogen bemerkbar, der die Forschenden in jedem Fall zügig nachgehen sollten, um die Störung umgehend zu beheben. Wird über eine E-Mail zur Befragung eingeladen, ist beispielsweise auch ein sogenannter ‚Soft Launch' des Onlinefragebogens möglich (Theobald, 2017, S. 300). Dabei werden nicht alle E-Mails zeitgleich versendet, sondern zunächst einmal nur ein kleiner Teil davon. Hier wird dann über die Feldstatistiken im Onlinebefragungstool genau geprüft, ob alles so funktioniert wie vorgesehen. Werden an dieser Stelle durch eine Häufung von Abbrüchen oder durch Hinweise von Befragten Probleme im Fragebogenablauf entdeckt, können diese noch gut behoben werden, bevor der Großteil der Zielpersonen zur Onlinebefragung eingeladen wird.

Im Vergleich zu anderen Befragungsformen ist die **Feldzeit** bei der Onlinebefragung vergleichsweise kurz, da der Onlinefragebogen von vielen Personen gleichzeitig bearbeitet werden kann. Je nach Zielgruppe und Thema können bereits zehn bis 14 Tage Feldzeit ausreichen, um die Phase der Datenerhebung abzuschließen. Die Rückläufe erfolgen zumeist wellenartig: Gleich nach Beginn der Veröffentlichung eines Onlinefragebogens ist in aller Regel über das Feldmonitoring in der Onlinebefragungssoftware ein erhöhter Zugriff auf den Fragebogen festzustellen, welcher dann in den folgenden Tagen nach und nach abebbt. Werden kaum noch Zugriffe auf den Onlinefragebogen angezeigt, sollte über eine Erinnerung an die Eingeladenen, eine Verlängerung der Feldzeit und gegebenenfalls weitere Rekrutierungsmaßnahmen nachgedacht werden, wenn der Rücklauf noch nicht zufriedenstellend ist. Eine Erinnerung der Eingeladenen, ein sogenannter **Reminder,** wird meist in der zweiten Hälfte der Feldzeit verschickt. Wurde schon via E-Mail eingeladen, kann auch der Reminder wieder per E-Mail verschickt werden. Sofern die Onlinebefragung vollständig anonym ist und der Zugang zur Befragung über einen allgemeinen Link realisiert wurde, lässt sich an dieser Stelle nicht mehr nachvollziehen, welche der Eingeladenen bereits an der Onlinebefragung teilgenommen haben. Zwangsläufig müssen daher alle Zielpersonen mit der Erinnerungs-E-Mail nochmals kontaktiert werden. In diesem Fall ist es daher auch sinnvoll nicht mehr als einen Reminder zu verschicken, da man ansonsten Gefahr läuft diejenigen zu verärgern, die bereits teilgenommen haben.

Beispiel für die Formulierung eines Reminders

„Betreff: Ihre Meinung ist uns wichtig: Erinnerung an unsere Leserbefragung
Liebe Leserinnen und Leser,
wir wollen mit unseren Angeboten für Sie stetig besser werden! Daher haben wir Sie vor etwas mehr als einer Woche eingeladen, an der Befragung unserer Leserinnen und Leser zu Ihren Erfahrungen mit unseren Angeboten teilzunehmen.
Haben Sie bereits teilgenommen? Wenn ja, sagen wir herzlichen Dank, denn mit Ihrer Hilfe können wir unser Angebot für Sie künftig noch attraktiver gestalten!
Sie hatten bisher noch keine Gelegenheit zur Teilnahme? Dann können Sie uns noch bis zum 30. September Ihre Meinung sagen. Wir freuen uns sehr, wenn Sie sich rund 10 Minuten Zeit nehmen, um uns bei der Verbesserung unseres Angebots zu unterstützen.
Unter allen Teilnehmenden verlosen wir 5 Jahresabonnements unserer Zeitung. Alle Interessenten erhalten zudem nach Abschluss der Befragung auf Wunsch einen kurzen Ergebnisauszug.
Und hier geht es zum Fragebogen:
<Link>
Bei Fragen oder Anmerkungen zu dieser Studie stehen wir Ihnen jederzeit gerne zur Verfügung.
Ihre Abteilung Leserservice von <Zeitung x>
„a@x.de"

Welcher **Rücklauf** mit einer Onlinebefragung erreicht werden kann, hängt von der Teilnahmebereitschaft der Eingeladenen ab. Allgemein kann eine Rücklaufquote von 20 bis 30 % als gutes Ergebnis angesehen werden – das heißt 20 bis 30 % der Eingeladenen haben an der Onlinebefragung teilgenommen. Die Teilnahmebereitschaft und damit auch die zu erwartende Rücklaufquote werden entscheidend vom Befragungsthema, der Zielgruppe, der Rekrutierungsart aber auch von der Länge und Komplexität der Onlinebefragung sowie von angebotenen Incentives bestimmt. Für Website-Befragungen ist beispielsweise eine Rücklaufquote bis etwa zehn Prozent typisch (Theobald, 2017, S. 354). Für Kundenbefragungen im Bereich B2C oder B2B können dagegen auch deutlich höhere Rücklaufquoten bis 20 respektive 40 % erwartet werden. Noch höher ist die Ausschöpfungsquote häufig bei Online-Access-Panels, bei denen grundsätzlich von einer hohen Teilnahmebereitschaft ausgegangen werden kann.

Abgesehen vom Feldmonitoring und weiteren Rekrutierungsmaßnahmen oder dem Versand eines Reminders kann die Feldzeit einer Onlinebefragung auch schon für die Vorbereitung von Auswertung und Analyse sowie Ergebnisbericht genutzt werden. Daneben sollten auch potentielle **Anfragen** oder **Beschwerden von Befragten** umgehend beantwortet werden. Auch das vermittelt den Probandinnen und Probanden Wertschätzung und kann durchaus die Bereitschaft erhöhen, künftig wieder an einer Onlinebefragung teilzunehmen. Zudem kann daraus für künftige Onlinebefragungsprojekte gelernt werden. Gerade bei groß angelegten Onlinestudien mit teilweise vierstelligen Rücklaufzahlen ist durchaus damit zu rechnen, dass von der Möglichkeit einer Kontaktaufnahme seitens der Befragten Gebrauch gemacht wird. Hier sollte unbedingt sichergestellt werden, dass solche Rückmeldungen aufmerksam gelesen und auch beantwortet werden. Hin und wieder kommt es auch zu kritischen Rückmeldungen (beispielsweise hinsichtlich der Befragungslänge, des generellen Nutzens, der Formulierung der Fragen), die in angemessen diplomatischer Form beantwortet werden sollten. Sollte tatsächlich auf einen offenkundigen Fehler aufmerksam gemacht worden sein (etwa Tippfehler oder auch eventuell technisch bedingte Darstellungsprobleme in bestimmten Browsern), sollte dem mit einem freundlichen Dank begegnet werden. In einer frühen Phase der Befragung lassen sich solche Punkte, die nicht die Inhalte oder Formate von Fragen betreffen, meist noch direkt ändern, weshalb es wichtig ist, Rückmeldungen zur Befragung zeitnah zu bearbeiten. Idealerweise bewahrt aber ein umfassender Pretest (s. Abschn. 6.3) vor solchen Fehlern.

Empfehlungen für die Praxis

- Berücksichtigen Sie verschiedene Anforderungen bei der Auswahl einer passenden Softwarelösung, zum Beispiel im Hinblick auf den Fragebogen, das Teilnehmermanagement und die Auswertung.
- Bedenken Sie bei der Programmierung des Onlinefragebogens stets die Anforderungen unterschiedlicher Endgeräte und Bildschirmgrößen.
- Gestalten Sie den Fragebogen nicht länger als 15 Minuten.
- Nutzen Sie Automatisierungen der Onlinebefragungssoftware (z. B. Filterführungen, Randomisierungen, Plausibilitätschecks).
- Achten Sie auf Nutzerfreundlichkeit: Teilen Sie die Fragen so auf, dass Befragte möglichst wenig scrollen müssen. Nutzen Sie, wenn möglich, eine Fortschrittsanzeige. Binden Sie zwischen einzelnen Fragenkomplexen Überleitungstexte ein. Geben Sie den Probandinnen und Probanden bei den Fragen verständliche Hinweise zum Ausfüllen und beschriften Sie Skalenpunkte ausreichend und einheitlich.
- Überlegen Sie, ob ein Zurückbutton angezeigt werden soll und wie eine für die Teilnehmenden ansprechende grafische Gestaltung des Onlinefragebogens aussieht.
- Sofern Sie multimediale Inhalte in den Fragebogen einbinden, stellen Sie sicher, dass diese auf verschiedenen Endgeräten angezeigt werden können.
- Führen Sie im Anschluss an die Programmierung einen umfassenden Qualitätscheck Ihres Onlinefragebogens durch, in methodischer, inhaltlicher und technischer Hinsicht. Dabei sollten auch Experten außerhalb des Forschungsteams sowie Personen der Zielgruppe mit einbezogen werden.
- Überlegen Sie, wie Sie Zielpersonen auswählen und auf welchem Weg Sie diese kontaktieren können.
- Passen Sie die Ansprache der Zielpersonen an das jeweilige Medium an und wecken Sie mit Ihrem Anschreiben Neugierde, Interesse und Sympathie.
- Beobachten Sie während der Feldzeit die Teilnahmen und den Rücklauf: Beheben Sie Störungen umgehend, ziehen Sie basierend auf dem Rücklauf den Versand eines Reminders in Betracht und reagieren Sie zeitnah auf Rückmeldungen von Befragten.

Literatur

Batinic, B., & Taddicken, M. (2014). Die standardisierte Online-Befragung. In N. Jackob, J. Schmidt, M. Taddicken, & M. Welker (Hrsg.), *Handbuch Online-Forschung* (S. 151–175). von Halem.

Beuthner, C., Daikeler, J., & Silber, H. (2021). Mixed-Device and Mobile Web Surveys. Mannheim, GESIS – Leibniz Institute for the Social Sciences (GESIS- Survey Guidelines). https://doi.org/10.15465/gesis-sg_en_028. Zugegriffen: 30. Aug. 2021.

Brosius, H.-B., Haas, A., & Koschel, F. (2016). *Methoden der empirischen Kommunikationsforschung* (7. Aufl.). Springer VS.

Fietz, J., & Friedrichs, J. (2019). Gesamtgestaltung des Fragebogens. In N. Baur & J. Blasius (Hrsg.), *Handbuch Methoden der empirischen Sozialforschung* (2. Aufl., S. 813–828). Springer VS.

Hering, L., & Wagner-Schelewsky, P. (2019). Online-Befragung. In N. Baur & J. Blasius (Hrsg.), *Handbuch Methoden der empirischen Sozialforschung* (2. Aufl., S. 787–800). Springer VS.

Herzing, J. M. E. (2019). Mobile web surveys. FORS Guide No. 01, Version 1.0. Lausanne: Swiss Centre of Expertise in the Social Sciences FORS. https://doi.org/10.24449/FG-2019-00001. Zugegriffen: 10. Sept. 2021.

Möhring, W., & Schlütz, D. (2019). *Die Befragung in der Medien- und Kommunikationswissenschaft* (3. Aufl.). Springer VS.

Petrovcic, A., Petric, G., & Manfreda, K. L. (2016). The effect of email invitation elements on response rate in web survey within an online community. *Computers in Human Behavior, 56*, 320–329.

Theobald, A. (2017). *Praxis Online-Marktforschung*. Springer Gabler.

Weichbold, M. (2019). Pretest. In N. Baur & J. Blasius (Hrsg.), *Handbuch Methoden der empirischen Sozialforschung* (2. Aufl., S. 349–356). Springer VS.

Welker, M. (2019). Computer- und onlinegestützte Methoden für die Untersuchung digitaler Kommunikation. In K. Beck & W. Schweiger (Hrsg.), *Handbuch Online-Kommunikation* (2. Aufl., S. 531–572). Springer VS.

The manufacturer's authorised representative in the EU is Springer Nature Customer Service Centre GmbH, Europaplatz 3, 69115 Heidelberg, Germany. If you have any concerns regarding our products, please contact ProductSafety@springernature.com

Printed and bound by CPI Group (UK) Ltd, Croydon, CR0 4YY
23/03/2026
02076465-0009